Le
FOREX

POUR LES DÉBUTANTS AMBITIEUX

JELLE PETERS

UN GUIDE POUR RÉUSSIR EN TRADING

ODYSSEA PUBLISHING

LE FOREX POUR LES DÉBUTANTS AMBITIEUX

© 2015 Odyssea Publishing

ISBN # 978-90-810821-7-4

www.forexforambitiousbeginners.com

Graphisme et mise en page : ePUB Pro, Utrecht, Pays-Bas. www.epubpro.nl

Limitation de responsabilité /décharge de garantie :

Même si l'éditeur et l'auteur ont conçu ce livre avec la plus grande attention, ils ne font aucune déclaration et ne donnent aucune garantie quant à l'exactitude ou à la exhaustivité des informations contenues dans ce livre et déclinent expressément toute garantie de qualité marchande ou d'adéquation à un usage particulier. Aucune garantie ne peut être créée ou étendue par nos représentants ou par des documents commerciaux écrits. Il est possible que les conseils et les stratégies présentés dans cet ouvrage ne soient pas adaptés à votre situation. Consultez un professionnel le cas échéant. L'éditeur et l'auteur déclinent toute responsabilité en cas de pertes de bénéfices ou tout autre type de préjudice commercial, y compris, mais sans s'y limiter, les dommages spéciaux, fortuits, consécutifs ou tout autre dommage.

Première édition, novembre 2015

Remerciements

Je remercie tout particulièrement Marie Flesch, qui a traduit avec brio ce livre de l'anglais au français, Sophie Chauvellier, pour sa relecture attentive du texte et ses suggestions judicieuses, et Merijn de Haen, qui a réalisé avec talent le graphisme de la couverture et la mise en page.

Sommaire

SOMMAIRE

Placez un stop loss et un objectif de rentabilité
Ne courez pas après le breakout une fois que votre stop loss a été déclenché

INTRODUCTION

Le marché des changes, également connu sous les noms de Foreign Exchange et de Forex, n'est pas seulement le marché financier qui a connu la croissance la plus rapide ces vingt dernières années : c'est aussi sans doute un des plus passionnants. Depuis 2002, le volume de transactions quotidien est passé de 1,7 à 3,98 billions de dollars, soit 3980 milliards de dollars par jour. Par comparaison, le volume de transactions quotidien sur le New York Stock Exchange, la plus grande bourse du monde, était de 153 milliards en 2008, ce qui représente seulement 1/26ème du volume du Forex.

Plusieurs facteurs contribuent à la popularité croissante du trading de devises :

1. Internet. Ce n'est pas une coïncidence si les opérations sur devises ont augmenté de façon exponentielle ces dix dernières années. Grâce à la généralisation des connexions haut débit, les consommateurs peuvent désormais utiliser des plateformes de trading en ligne auparavant réservées aux traders professionnels, qui y accédaient depuis les salles des marchés.
2. Une volonté accrue de prendre des risques. Les traders de la nouvelle génération sont prêts à prendre des risques si cela leur permet de gagner de plus grosses sommes d'argent, avec un retour sur investissement plus rapide.
3. De faibles frais de démarrage. Le trading sur le Forex est un jeu ouvert à tous, même à ceux qui ne disposent que de quelques centaines d'euros. Par contre, bon courage pour ouvrir un compte de capital avec seulement 100 euros !
4. Des coûts de fonctionnement peu élevés. Trader des devises est bien moins coûteux que de trader des actions. Les courtiers et plateformes de trading ne prennent pas de commission et ne se rémunèrent que sur le spread, ce qui rend le Forex particulièrement intéressant pour les petits traders.
5. Une satisfaction immédiate. « Tout de suite » est le nouveau mot magique dans l'univers du trading, comme partout ailleurs. Le Forex est ouvert 24 heures sur 24, cinq jours sur sept, et est donc plus à même de répondre aux besoins de la génération du « Tout, tout de suite ! » que les marchés des actions, qui n'ouvrent que quelques heures par jour. On ne peut plus dépendre des heures d'ouvertures des bourses ou attendre des possibilités d'investissements qui ne se présentent qu'une ou deux fois par mois.

Il y a de grandes chances que vous ayez déjà entendu de belles histoires qui montrent à quel point il est facile de gagner de l'argent en tradant sur le Forex. Peut-être vous a-t-on raconté l'histoire d'un trader en herbe qui, tout comme vous, a commencé avec quelques centaines d'euros en poche et qui, grâce à telle ou telle stratégie très simple, a gagné des milliers d'euros en quelques mois à peine.

Laissez-moi vous dire tout de suite que ce n'est pas comme ça que ça va se passer.

Ce n'est pas que je veuille vous démoraliser, mais il vaut mieux commencer en ayant les deux pieds fermement sur terre et sans avoir la tête remplie de rêves et d'idées fausses, car cela ne vous apportera que des déceptions. Il y a bien des imbéciles heureux qui ont remporté de jolis pactoles en utilisant telle ou telle stratégie de trading. Ils ont simplement eu de la chance, tout comme les gagnants du loto. Puisque vous avez acheté ce livre, j'imagine que les tenants et les aboutissants du loto (un jeu auquel on perd à coup sûr) ne vous intéressent pas, mais que vous avez envie d'apprendre comment gagner de l'argent de manière fiable en échangeant des monnaies... et « fiable » est un mot qui ne sera jamais ami avec le mot « chance ».

Il faut donc que vous preniez conscience de cette vérité essentielle : trader sur le Forex n'est pas une bonne manière de s'enrichir facilement et rapidement. Quand vous commencez à trader sur le marché des changes, vous faites forcément des erreurs. Vous prenez trop de risques, vous oubliez de mettre en place un stop loss, vous gérez mal votre budget, vous n'avez pas de stratégie de sortie, etc. Les débutants font tous des erreurs, c'est normal. Toute la question est de savoir combien d'erreurs vous ferez, combien d'argent elles vous coûteront, et quelles leçons vous allez en tirer.

Ce livre ne vous rendra pas riche, mais il vous permettra d'apprendre rapidement comment fonctionne le Forex, quelles sont les stratégies de trading les plus importantes, comment vous pouvez protéger votre capital de trading, et comment éviter de nombreux pièges et erreurs. Bref, grâce à ce livre, vous allez pouvoir prendre un excellent départ sur le Forex.

Après avoir lu *Le Forex pour les débutants ambitieux*, vous aurez un avantage de 95% sur les autres traders en herbe ; mal préparés et mal équipés, ils seront vite dépassés et abandonneront le Forex à tout jamais.

Je ne peux donc que vous féliciter d'avoir pris une longueur d'avance, et vous souhaiter tous mes vœux de réussite pour votre carrière de trader sur le Forex !

Jelle Peters

PS. Si vous avez des questions sur le livre ou sur le quiz, n'hésitez pas à vous rendre sur le site www.forexforambitiousbeginners.com.

Partie I

Fonctionnement du Forex

Chapitre 1 Bref historique du marché des changes

Pour mieux comprendre le fonctionnement du marché des changes, il est important de connaitre les grandes lignes de son histoire. Savez-vous, par exemple, ce qu'est l'étalon-or, et s'il joue toujours un rôle dans le monde financier d'aujourd'hui, si fluide et dynamique ? Savez-vous depuis combien de temps existe le Forex sous sa forme actuelle ? Et qui s'assure que les réglementations sont bien respectées ? Tenez, d'ailleurs, comment le Forex est-il régulé ? Et pendant que nous jouons à « Questions pour un champion », pouvez-vous me dire pourquoi le dollar américain est-il omniprésent sur le Forex ? (Le dollar fait partie des cinq paires de devises majeures.)

Le saviez-vous ? La valeur d'une devise donnée par rapport à une autre est calculée en l'échangeant contre cette autre monnaie dans « une paire de devises ». Les cinq paires de devises les plus importantes sont EUR/USD, GBP/USD, USD/ JPY, USD/CHF et USD/CAD. Retrouvez plus d'informations sur ce sujet dans le chapitre 3 « Comment les taux de changes sont-ils déterminés ? »

Voici une autre question que l'on pose souvent : pourquoi a-t-on besoin d'un marché des changes ? Pourquoi ne pas tout simplement établir, à la place, un rapport fixe entre les devises ? Cela ne serait-il pas non seulement plus simple, mais aussi moins coûteux et plus stable qu'un marché des changes qui fluctue en toute liberté ?

Il est certain que le Forex, sous sa forme actuelle, c'est à dire un marché composé de paires de devises avec des prix déterminés par le marché libre, est relativement récent. Il n'existe en effet que depuis les années 1970. Toutefois, dans le système monétaire international, le véritable champion de ces deux derniers millénaires, et de loin, est l'or : une devise rare et d'origine naturelle, convoitée par tous, et qui reste très recherchée aujourd'hui, dans un contexte d'incertitude économique.

Le troc et les débuts du commerce international

Au grand désarroi des marxistes idéalistes, le troc ne peut fonctionner que dans des systèmes économiques très simples. Cela n'empêche pas certains de lancer de nouvelles initiatives visant à réintroduire le troc dans notre économie capitaliste, mais ces projets restent confinés à des écosystèmes à l'échelle locale. Une personne qui souhaite faire réparer sa machine à laver sans débourser un sou peut, par exemple, offrir en échange une armoire en moyen état. Bien souvent, ces initiatives font appel au concept dont elles essaient de se distancer, c'est-à-dire au concept d'argent : c'est le cas quand on donne 3 bitcoins à qui pourra réparer une machine à laver, 4 bitcoins pour une armoire en moyen état, ou encore 4 bitcoins pour tondre une pelouse.

Comment se fait-il, alors, que le troc ne soit pas resté, dans le monde moderne, le moyen de paiement par défaut ? C'est parce qu'il est difficile de comparer la valeur d'un bien avec la valeur d'un autre bien, sans parler de 10 000 autres biens... Il s'avère que le moyen le plus facile de faire cela est d'utiliser un produit que tout le monde convoitera toujours. Surprenant, n'est-ce pas ?

Par le passé, ce produit était bien souvent de l'or ou de l'argent, même si certaines sociétés ont choisi d'autres monnaies d'échange, comme le sel ou les coquillages. Dans la Chine ancienne, on utilisait des briques de thé[1], tandis que dans le sud des Etats-Unis, on avait coutume de payer les gens en tabac.

Une des toutes premières pièces de monnaie à avoir été internationalement reconnue est l'aureus[2], une monnaie romaine d'or, qui a ensuite été suivie par le *denier* d'argent. Ces monnaies sont devenues des devises acceptées bien au-delà des frontières de l'empire en partie à cause de la valeur intrinsèque du matériau dont elles étaient constituées, mais surtout grâce au pouvoir et à la stabilité de l'Empire romain.

Bien entendu, accepter une monnaie dans un pays où elle n'est pas utilisée comme moyen de paiement pose un problème, puisqu'il faut nécessairement la convertir avant de pouvoir la dépenser. Un billet de cinq livres sterling n'a aucune utilité pour un commerçant américain : il ne peut pas s'en servir pour se payer une bière au troquet du coin, et il ne l'acceptera donc pas comme moyen de paiement.

De façon intéressante, le dollar américain et l'euro sont aujourd'hui acceptés dans de nombreux pays dont ils ne sont pas les monnaies officielles. En ce sens, le dollar et l'euro ressemblent un peu à l'aureus d'or. Toutefois, ils ne sont en général acceptés que dans des lieux fréquentés par les touristes, comme les aéroports et les hôtels.

L'ÉTALON-OR

Durant la première moitié du XIXème siècle, l'étalon-or a été introduit au Royaume-Uni[3]. Il a été adopté par d'autres pays après 1870. Dans un système utilisant l'étalon-or, on fixe un poids d'or qui correspond à la monnaie, et l'échange de pièces et de papier-monnaie contre de l'or est certifié par l'Etat. Tout naturellement, ce genre de système permet une grande stabilité monétaire.

---

1 Au Tibet, en Mongolie et en Asie centrale, les briques de thé ont servi de monnaie pendant des siècles. En Sibérie, par exemple, elles ont été acceptées comme moyen de paiement jusqu'à la Seconde Guerre mondiale.

2 L'aureus a circulé du Ier siècle avant notre ère jusqu'au IVème siècle après J-C. Un aureus valait 25 deniers.

3 Le Bank Charter Act de 1844 a confié le monopole de l'émission des billets de banque à la banque d'Angleterre, en garantissant l'échange de ses billets contre de l'or. On considère cette date comme le début du règne de l'étalon-or.

Grâce à l'étalon-or, on n'avait plus peur qu'une monnaie perde sa valeur rapidement, parce qu'elle était désormais directement liée à la valeur de l'or, un matériau rare utilisé depuis la nuit des temps comme monnaie d'échange.

La convertibilité des diverses monnaies a également été grandement facilitée par l'étalon-or, puisque la valeur garantie des devises qui l'utilisaient était toujours la même. Notez que le prix de l'or était bien moins volatile autrefois qu'aujourd'hui, notamment parce que la spéculation financière était moindre.

Pendant la Première Guerre mondiale, toutes les nations occidentales, à l'exception des Etats-Unis, ont abandonné l'étalon-or. Les Etats-Unis ont fait de même en 1933 à cause de la Grande Dépression.

BRETTON WOODS

La fin de la Seconde Guerre mondiale approchant, les dirigeants mondiaux et les économistes ont réalisé qu'il était crucial de rétablir la stabilité des marchés financiers internationaux. Ainsi, en juillet 1944, un mois après le débarquement de Normandie, les alliés se sont rassemblés au *Mount Washington Hotel* à Bretton Woods, dans le New Hampshire, pour discuter de la façon dont l'économie mondiale serait structurée une fois la guerre terminée. Voici les trois accords économiques les plus importants signés à Bretton Woods, des décisions dont l'influence se fait encore sentir aujourd'hui dans le monde de la finance :

La fondation du Fonds Monétaire International, ou FMI. Cette organisation est chargée de superviser les accords internationaux et d'aider les pays lors de crises économiques, en leur accordant des prêts si besoin. Les fonds de sauvetage prêtés à la Grèce, à l'Irlande et au Portugal en 2010 et en 2011 par l'Union Européenne et le FMI montrent le rôle essentiel joué aujourd'hui par cette institution. En fait, au moment de l'écriture de ce livre, de nombreuses voix s'élèvent pour que le FMI joue un rôle encore plus important, en devenant l'organisme prêteur de dernier recours à l'échelle planétaire.

Une once d'or correspondrait désormais au prix fixe de 35 dollars américains. (Il est intéressant de comparer ceci au prix de 1 920 dollars par once troy atteint en septembre 2011). Les Etats-Unis allaient donc réintroduire l'étalon-or dans leur système monétaire.

Dès lors, toutes les autres devises seraient rattachées au dollar. Les monnaies des autres pays seraient ainsi automatiquement connectées à l'étalon-or grâce à leur parité avec le dollar. Cette association indirecte est baptisée le *Gold Exchange Standard*. Avec ce système, le dollar américain est de fait devenu la *monnaie de réserve internationale*, un statut qu'il possède toujours aujourd'hui.

Ce système a très bien fonctionné pendant les premières années, jusqu'à ce que le coût sans cesse croissant de la guerre du Vietnam ne force les Etats-Unis à abandonner l'étalon-or au début des années 1970. Même si cela a mis fin au système mis en place par les accords de Bretton Woods, qui créait une stabilité monétaire en connectant la devise la plus importante à l'étalon-or, le dollar a continué à servir de devise de réserve. Tout cela signifie, que, depuis cette époque, la stabilité monétaire internationale est intimement liée à la santé du dollar américain. C'est une chose que de plus en plus de pays, dont les pays du BRIC, le Brésil, la Russie, l'Inde et la Chine, aimeraient changer, parce que cela les oblige à soutenir les Etats-Unis et à financer leur dette, indépendamment de la politique, de l'économie ou d'autre chose.

Naissance du marché des changes moderne

L'ère des devises flottantes a commencé avec le découplage du dollar et de l'étalon-or au début des années 1970. Le prix d'une devise ne serait plus fixé par rapport à un autre élément, qu'il s'agisse de l'or ou du dollar, mais allait être uniquement être déterminé par le marché libre.

Plusieurs initiatives ont été mises en œuvre ces dernières années pour contrer certains des effets les plus volatiles des devises flottantes. Un exemple bien connu est l'utilisation de mécanismes de taux de change, comme le mécanisme de taux de change européen, qui a servi à stabiliser la valeur des monnaies européennes afin de préparer l'introduction de l'euro. Une autre méthode de stabilisation consiste à fixer la valeur d'une monnaie par rapport au dollar américain. Comme nous l'avons vu, plusieurs pays ont eu recours à ce système avec les accords de Bretton Woods. De nos jours, il est principalement utilisé par des pays pauvres et instables.

Comme d'autres pays, la Chine a, de façon intermittente, lié sa monnaie au dollar pendant ces vingt dernières années. Les pays occidentaux, et notamment les Etats-Unis, ont critiqué le fait que la Chine ait rattaché le yuan (également appelé *renmibi*) au dollar, parce que cela le maintient à un taux faible de façon artificielle, ce qui confère à la Chine un avantage concurrentiel déloyal pour l'exportation de ses biens.

Fixer le cours de monnaies a souvent eu des conséquences économiques indésirables sur de longues périodes, parce que cela empêche les monnaies de s'adapter à l'évolution de la conjoncture économique. Quand le taux d'une devise est bas alors que l'économie est en croissance, la probabilité de voir apparaitre bulles immobilières et surchauffes économiques augmente.

L'homme qui a fait sauter la Banque d'Angleterre

Un des plus célèbres exemples des effets indésirables causés par une devise fixe date des années 1990, lorsque l'investisseur George Soros[4] a parié à la baisse

---

4   En 2010, George Soros était 35ème sur le classement des personnes les plus riches du monde du

contre la livre sterling, qui était fortement surévaluée. Les évènements qui ont suivi ce pari ont donné à George Soros le surnom bien mérité d'« homme qui a fait sauter la Banque d'Angleterre ».

A l'époque, le mécanisme de taux de change européen empêchait la livre sterling d'être trop dévaluée. Cependant, la valeur réelle de la monnaie britannique, étant donné la conjoncture économique, était bien plus faible. La Banque d'Angleterre a toutefois refusé d'augmenter son taux d'intérêt afin d'améliorer la valeur réelle de la livre ; elle n'a pas non plus voulu laisser la livre « flotter » pour qu'elle retrouve librement sa valeur marchande réelle.

Le 16 septembre 1992, jour désormais connu sous le nom de « mercredi noir », le financier George Soros a vendu à découvert 10 milliards de livres sterling. A cause de cela, la pression sur la livre a tellement augmenté que personne n'a plus osé en acheter. Le gouvernement britannique n'a donc pas eu d'autre choix que de laisser la livre sterling flotter. On dit que Soros a gagné plus d'1,1 milliard de dollars grâce à cette vente à découvert.

L'AVENIR DU FOREX

Au moment où j'écris ces mots, le dollar est toujours la monnaie de réserve mondiale. La valeur des autres monnaies, des matières premières et des métaux précieux, est exprimée en dollars américains. Cela signifie que les Etats-Unis peuvent toujours emprunter de l'argent à des taux extrêmement bas, puisque le dollar ne peut pas s'effondrer. Certaines banques sont trop grosses pour faire faillite, comme l'a montré la crise financière de 2008. C'est également vrai pour certains pays. A la première place de cette liste se trouvent les Etats-Unis, qui contrôlent d'une main de fer un monde financier dans lequel le dollar est la monnaie dominante et l'indétrônable devise de réserve.

Mais combien de temps cela va-t-il durer ? Au cours de ces dix dernières années, l'ordre politique et financier mondial a profondément changé. L'ère de l'hégémonie américaine, qui a été à son paroxysme dans la seconde moitié du XXème siècle avec le boom économique et la victoire de la Guerre froide, semble tirer à sa fin à cause de l'émergence de nouvelles puissances économiques comme la Chine, l'Inde, le Brésil et la Russie (nous les avons mentionnées auparavant sous le terme de « pays du BRIC », un acronyme inventé par Jim O'Neill[5], cadre chez Goldman Sachs).

Le capitalisme de « libre marché » américain est donc confronté à une nouvelle menace, non pas celle du communisme cette fois-ci, mais celle du *capitalisme dictatorial*. Dans ce système, le marché est libre jusqu'à ce que l'Etat en décide

---

magazine Forbes. Sa fortune est estimée à 14,2 milliards de dollars.

5 O'Neill a utilisé le terme BRIC pour la première fois en 2001 dans un article intitulé « Building Better Global Economic BRICs ».

autrement. On a notamment pu constater cela au début de l'année 2008, quand la Chine a déclaré qu'il était temps de penser à changer la monnaie de réserve mondiale. A l'époque, le secrétaire américain au Trésor Timothy Geithner a pu repousser la mise en application de cette idée dans un futur très lointain. Cependant, une grave crise économique plus tard, et ce futur lointain semble s'être beaucoup rapproché.

CHAPITRE 2 INFORMATIONS PRATIQUES SUR LE FOREX

QU'EST-CE QUE LE FOREX ?

Le terme « Forex » vient de *for-ex*, un acronyme de *foreign exchange*, également connu sous le nom de marché des changes. Il s'agit du plus gros marché financier au monde, avec un volume quotidien des opérations d'environ 3 980 milliards de dollars en 2011. Et pourtant, les transactions sur le Forex ne se passent pas dans une salle pleine de jeunes loups arrogants de 23 ans, qui possèdent déjà une Ferrari et qui vendent et achètent des dollars et des euros en jouant à qui criera le plus fort. En effet, le Forex est un marché dit *de gré à gré*, ce qui signifie que les ordres ne transitent pas par la bourse, mais qu'ils sont passés par les participants eux-mêmes. Les transactions se font de façon entièrement digitale et décentralisée, sans être contrôlées par une autorité de surveillance.

« Le » Forex n'existe donc pas réellement. Il est juste composé d'un réseau mondial de banques qui traitent des ordres électroniques passés par leurs propres salles des marchés, par d'autres banques, par des courtiers et des multinationales.

HEURES D'OUVERTURE

Comme le Forex est un marché globalisé dépourvu de bourse centrale ou d'autorité de contrôle, le marché reste ouvert tant qu'il y a des banques pour traiter des ordres de devises, c'est-à-dire 24 heures par jour, cinq jours sur sept.

(rock) Around the clock

En prenant pour référence l'heure moyenne de Greenwich, le marché ouvre le dimanche soir à 22h00 GMT à Sydney, en Australie, où il est déjà 9 heures du matin. Une heure plus tard, les banques de Tokyo ouvrent leurs portes, suivies par celles de Hong Kong, de Moscou, de Francfort et, à 9h00 GMT, par celles de Londres.

A 14h00, les établissements bancaires des Etats-Unis commencent à ouvrir ; New York, tout d'abord, puis Chicago et Denver, et ainsi de suite jusqu'à San Francisco. Enfin, lorsque les banques américaines ferment, celles de Sydney rouvrent.

Les heures de pointe

Même s'il est possible d'échanger des devises 24 heures par jour, il existe des heures de pointe, parce que le cœur du Forex est en Europe. Londres, par exemple, représente 23% du volume d'échanges quotidien, suivi par Francfort avec 19%. En tout, 42% des transactions sur les devises se passent en Europe.

Pendant les deux heures qui suivent l'ouverture de banques de Francfort et du reste du continent européen, le trading bat son plein. Les conséquences des nouvelles financières publiées depuis la fermeture de la veille (soit 15 et 16h GMT respectivement pour Francfort et Londres) doivent être prises en compte, tout comme les fluctuations subies par le Forex pendant la dernière partie de la session de trading américaine et pendant toute la session asiatique. Les traders du Royaume-Uni et des autres pays européens cherchent généralement à fermer certaines positions, et à ouvrir ou à augmenter d'autres.

Il y a aussi des heures de pointe de 14h à 16h. En effet, à 14h GMT, les banques de New York ouvrent leurs portes ; ainsi, de 14h à 15h GMT, les principales places financières du marché des devises (Londres, Francfort et New York) sont toutes les trois ouvertes.

Pendant la session asiatique, les choses sont souvent plus calmes. Certaines stratégies de trading profitent de cette situation, en jouant sur l'élan supplémentaire dont bénéficient les devises au moment de l'ouverture de Londres. Le scalping est une autre stratégie très populaire lors de la session asiatique ; cette méthode tire avantage de fluctuations de prix très réduites et de préférence répétitives. Nous évoquerons le scalping plus en détail dans la section « stratégie » de ce livre.

QUI EST ACTIF SUR LE FOREX ?

Jusqu'à il y a quelques années, trois acteurs seulement jouaient un rôle sur le marché des devises : les banques, les multinationales et les gouvernements. Toutefois, depuis, un nouvel acteur particulièrement puissant a émergé : le trader individuel.

Le rôle du marché des devises a considérablement changé au cours des dernières décennies. A l'origine, le Forex servait principalement à assurer le bon fonctionnement du système monétaire international et à réduire le risque de change pour les entreprises actives au niveau global. De nos jours, par contraste, le plus gros volume de trading sur le Forex, compris entre 70 et 90%, vient de la spéculation, c'est-à-dire de personnes qui échangent des monnaies pour gagner de l'argent.

Il en va de même, par ailleurs, pour d'autres marchés financiers. Ce phénomène est non seulement dû au rôle plus actif des investisseurs individuels, mais aussi à la popularité croissante du trading pour compte propre chez les banques. Pour résumer, aujourd'hui, les banques spéculent bien plus souvent pour elles mêmes que pour le compte de leurs clients.

Le saviez-vous ? Dans des banques comme Goldman Sachs, le trading pour compte propre s'est avéré très lucratif. Cependant, après la signature du Dodd-

Frank Act[6], ces banques ont été forcées, une fois de plus, de séparer leurs activités de banque de dépôt et de banque d'investissement.

Les banques

Les banques traitent leurs échanges de devises dans leurs propres salles des marchés principalement via deux systèmes de marché au comptant : Electronic Broking Services (EBS) et Reuters Dealing 3000. Les banques s'occupent aussi bien des ordres de leurs clients (multinationales, fonds de couverture, courtiers de détail et traders individuels) que de leurs propres comptes.

Les multinationales

Parce qu'elles sont installées dans plusieurs pays, les multinationales sont exposés aux risques de change. Les salaires et les coûts de production, par exemple, pourraient augmenter si la monnaie d'une région où une entreprise multinationale a basé une grande partie de son processus de production devenait plus chère par rapport à une autre monnaie. Il importe peu à un petit boucher allemand si l'euro prend 5% en trois mois. En revanche, cette augmentation de la valeur l'euro par rapport au dollar ne plairait pas à un producteur et exportateur de tronçonneuses allemand, qui est en concurrence aux Etats-Unis avec les producteurs américains de tronçonneuses. Après tout, cela rendrait ses produits encore plus chers pour ses clients américains, à moins qu'il ne « tranche » les prix (préférablement avec une des ses tronçonneuses !)

C'est pour éviter les pertes causées par une baisse des profits et pour se protéger contre les risques de change que les multinationales prennent des mesures de prévention sur le Forex, une pratique que l'on appelle parfois *couverture de risque*. Notre producteur de tronçonneuses allemand, par exemple, pourrait ouvrir une position longue sur l'euro, ce qui consiste à acheter des euros, afin de compenser les éventuelles pertes qu'il subirait sur le marché américain si le cours de l'euro venait à augmenter. La volatilité du marché des changes ayant augmenté ces dernières années, les multinationales ont de plus en plus recours à ce type de couverture de risque.

Les gouvernements

Les gouvernements ont de bonnes raisons d'être actifs sur le marché des changes. En achetant et en vendant de grandes quantités de leur propre monnaie, ils peuvent influencer son prix comparé à d'autres devises, ce qui peut, à son tour, accroître la compétitivité de leurs exportations.

---

6 Officiellement connue sous le nom de Dodd–Frank Wall Street Reform and Consumer Protection Act, cette loi a été passée le 21 juillet 2010. Son objectif était de réformer la régulation des marchés financiers. Elle a notamment obligé les courtiers basés aux Etats-Unis à proposer un effet de levier maximal de 50/1.

Le Japon s'est servi de ce système pendant des années afin de diminuer la valeur du yen et stimuler ses exportations. En effet, comme son économie est orientée sur l'exportation, le Japon préfère que le yen soit bon marché. Selon Sony, la multinationale perd 68,5 millions de dollars à chaque fois qu'USD/JPY baisse d'un yen (ce qui signifie que l'on a besoin de moins de yens pour acheter un dollar). Toutefois, des économistes nippons ont récemment déclaré que le monde des affaires japonais devrait être capable de s'adapter à un yen qui prend de la valeur, parce que cette situation se reproduira sans doute.

Ce type d'action gouvernementale sur le Forex est appelée intervention. Les économistes s'accordent à dire que même si une intervention peut avoir une influence importante sur le prix d'une monnaie sur le court terme, ses effets sur le long terme sont très limités. A cause de la croissance exponentielle du Forex, il est de plus en plus difficile d'avoir un véritable impact sur le marché. Les volumes nécessaires pour donner un signal fort au marché sont tels qu'il faut faire des interventions répétées, ce qui coûte extrêmement cher. De plus, cela risque également d'agacer les partenaires commerciaux et de déclencher une guerre des devises, parce que les interventions augmentent de façon artificielle la compétitivité d'un pays au détriment des autres.

Le saviez-vous ? L'intervention sur le Forex de la Banque nationale Suisse (BNS) en septembre 2011 est un exemple intéressant. La BNS a déclaré publiquement qu'elle ferait désormais tout son possible pour défendre un minimum d'1,20 franc suisse par euro. Elle a également dit qu'elle était prête à acheter des « quantités illimités » de monnaies étrangères afin de s'assurer que la valeur du franc suisse ne monterait pas au dessus d'1,20 euro. Cette décision drastique a été motivée par le fait que, dans les mois qui ont précédé, l'inquiétude croissante causée par la crise en Europe a poussé de nombreux investisseurs à acheter du franc suisse, considéré comme une monnaie refuge. L'appréciation rapide du franc, dont la valeur a augmenté de 16% en quelques mois à peine, avait commencé à porter atteinte à l'économie suisse. Après la décision de la BNS, les investisseurs se sont tournés vers d'autres monnaies refuge, comme celles du Japon, du Brésil, de la Norvège et de la Suisse, ce qui a fait augmenter la valeur de ces devises et a eu un effet délétère sur leurs économies.

Dans de rares cas, les pays décident d'intervenir sur le Forex ensemble, afin de mettre un terme au phénomène de volatilité et d'instabilité extrême. Par exemple, suite aux conséquences catastrophiques du tremblement de terre et du tsunami qui ont touché la centrale nucléaire de Fukushima, le G7 est intervenu en mars 2011. Les cambistes, qui s'attendaient à ce que de nombreuses entreprises japonaises récupèrent leurs investissements à grande échelle, ont fait augmenter la valeur du yen à son niveau le plus élevé depuis 25 ans. Comme les pays du G7 sont intervenus simultanément, ils ont pu envoyer un signal fort aux marchés, en leur signifiant qu'ils défendraient bec et ongles le taux de 78 yens par dollar. Cela a permis de stopper la tendance baissière de l'USD/JPY.

Les traders individuels

Comme nous l'avons souligné plus haut, les traders individuels ont fait leur entrée sur la scène du Forex récemment. Il y a quelques années encore, les particuliers n'avaient pas accès au marché des changes. C'est l'internet, et plus particulièrement l'internet à haut débit, qui a changé tout cela.

Bien entendu, les traders individuels n'ont pas directement affaire aux grosses banques internationales. Ils accèdent au Forex via leurs courtiers. Vous pourrez trouver une liste exhaustive des courtiers sur le Forex à l'adresse www. forexforambitiousbeginners.com/forex-brokers.

Au début, le plus petit lot accessible aux traders individuels était le *lot standard*, qui comprend 100 000 unités. Le levier maximum était en général de 200 pour 1 ou plus bas, ce qui signifie qu'il fallait disposer d'un capital minimal de 500 euros pour pouvoir ouvrir une seule position. Plus tard, le *lot mini* (10 000 unités) a été introduit, et de nombreux courtiers ont également augmenté l'effet de levier, qui est passé à 400 pour 1. Aujourd'hui, de nombreux brokers proposent également des *lots micro* de 1000 unités. Un trader débutant peut donc désormais commencer avec un capital correspondant au centième de ce dont il aurait eu besoin il y a juste quelques années à peine. (Sachez qu'aux Etats-Unis, de nouvelles règlementations ont abaissé le niveau de l'effet de levier maximal que les courtiers peuvent proposer à leurs clients américains à 50/1. Les courtiers basés ailleurs dans le monde n'ont toutefois pas changé le levier maximal qu'ils offrent à leurs clients non basés aux Etats-Unis).

RÉGLEMENTATIONS

Comme le Forex est un marché mondial et décentralisé, les réglementations varient selon les pays. La plupart des pays possèdent une autorité de surveillance financière qui surveille et régule les courtiers et les banques, mais, le Forex étant un marché au comptant entièrement digital, les courtiers peuvent très facilement choisir de s'installer dans un pays ou un territoire peu réglementé.

Généralement, les gros brokers acceptent d'être contrôlés par les Etats-Unis, le Royaume-Uni ou la zone euro, mais beaucoup ne sont pas régulés du tout, ou à peine (ce qui ne signifie pas forcément qu'ils sont de mauvais courtiers).

Les plus importantes autorités de régulation chargées de superviser le Forex sont :

* National Futures Association (NFA) – Etats-Unis

* Securities and Exchange Commission (SEC) – Etats-Unis
* Financial Conduct Authority (FCA) – Royaume-Uni
* Financial Services Agency (FSA) – Japon
* Bundesanstalt für Finanzdienstleistungsaufsicht (BaFin) – Allemagne

CHAPITRE 3 COMMENT LES TAUX DE CHANGE SONT-ILS DÉTERMINÉS ?

Dans ce chapitre, nous allons nous intéresser au marché des changes en lui-même pour la première fois. Comment les taux de change sont-ils déterminés, et, tout d'abord, comment les monnaies sont-elles échangées ? Pour en savoir plus, c'est peut-être une bonne idée d'ouvrir un compte chez un courtier de Forex dès maintenant, si vous ne l'avez pas déjà fait (aujourd'hui, on peut le faire gratuitement).

Rendez-vous à l'adresse www.forexforambitiousbeginners.com/forex-brokers pour consulter une liste exhaustive des courtiers sur le Forex.

Le cours d'une monnaie correspond tout simplement à sa valeur, et cette valeur est toujours relative. A la différence des actions des sociétés cotées en Bourse, une monnaie ne possède pas de valeur réelle et intrinsèque (tout du moins plus aujourd'hui. A l'époque de l'étalon-or, comme nous l'avons vu dans le chapitre 1, quand l'Etat garantissait le change des monnaies contre de l'or, celles-ci avaient une vraie valeur). On peut savoir quelle est la valeur réelle d'une monnaie dans la vie quotidienne, c'est-à-dire quel est son pouvoir d'achat, en déterminant combien d'argent il faut pour acheter certains biens spécifiques. C'est la méthode utilisée pour mesurer l'inflation. Mais sur le Forex, on ne prend en compte que la valeur d'une monnaie par rapport aux autres devises.

LES PAIRES DE DEVISES

Les monnaies s'échangent par paires. La valeur de l'euro par rapport au dollar, par exemple, est déterminée par la parité de devises EUR/USD (euro/dollar). Quand la demande d'euros est en hausse, le taux de la paire EUR/USD augmente. Quand la demande diminue, la parité EUR/USD baisse elle aussi.

Comme toutes les monnaies sont cotées les unes par rapport aux autres, on peut échanger des centaines de paires de devises sur le Forex. Toutefois, toutes les paires de devises n'ont pas le même degré de liquidité (les paires de devises les plus liquides sont celles qui sont le plus souvent échangées). La paire de devises la plus importante et la plus liquide est l'EUR/USD.

Pour désigner les paires de devises, on utilise les codes des deux devises côte à côte, séparés par un slash. Voici quelques exemples : EUR/USD, GBP/USD, USD/JPY, etc.

Les codes des devises sont toujours composés de trois lettres. Les codes des devises majeures sont :
USD = Dollar américain
EUR = Euro
JPY = Yen japonais

GBP = Livre britannique
CHF = Franc suisse
CAD = Dollar canadien
AUD = Dollar australien
NZD = Dollar néo-zélandais

Le premier code d'une paire de devise correspond à la devise de base, et le second à la devise de contrepartie ou devise de cotation. Dans le cas de la paire GBP/USD, la livre sterling est la devise de base, tandis que le dollar est la devise de contrepartie.

La devise de base est la devise sur laquelle vous pariez lorsque vous achetez, c'est-à-dire lorsque vous ouvrez une position longue. Quand vous vendez, ou ouvrez une position courte, vous misez sur la devise de contrepartie. Pour reprendre l'exemple de la paire GBP/USD, si vous pensez que le cours de la livre sterling par rapport au dollar américain va augmenter, vous ouvrez une position longue sur GBP/USD. Si vous pensez qu'il va baisser, vous ouvrez une position courte sur GBP/USD.

Vous aurez sans doute remarqué qu'on utilise beaucoup de jargon lorsqu'on parle des marchés financiers. Il est vrai que cela peut être difficile quand on débute, mais il est important d'apprendre au moins quelques termes de base. Sans connaitre le sens des mots et expressions désignant des techniques et des stratégies de trading, vous aurez bien du mal à apprendre comment fonctionne le Forex. C'est pourquoi, dans le chapitre 6, vous aurez droit à un cours intensif pour apprendre la terminologie du Forex. A la fin du livre, vous trouverez par ailleurs un court lexique du Forex auquel vous pourrez vous référer facilement.

OUVRIR UNE POSITION

Lorsqu'on achète ou qu'on vend une monnaie, on dit qu'on ouvre une position. Vous pensez que le cours de l'euro par rapport au dollar va augmenter ? Dans ce cas, ouvrez une position *longue* sur la paire EUR/USD. Si vous estimez qu'il est probable que le cours de l'euro par rapport à la livre britannique baisse, ouvrez une position *courte* sur la parité EUR/GBP.

Le tableau ci-dessous montre les taux de quelques paires de devises. Si vous regardez les taux de la parité EUR/USD, vous vous rendrez compte qu'il y a un écart entre le cours de vente et le cours d'achat. Cet écart s'appelle le *spread* et correspond à ce que vous donnez à votre courtier pour qu'il ouvre une position pour vous. Il est important de savoir que le spread est le seul frais que prélèvent les courtiers : ils ne vous demanderont pas de commission, ni de coûts de gestion ou d'inscription.

Instrument	Sell	Buy
EUR/USD	1,4023	1,4025
EUR/JPY	108,44	108,49
EUR/CHF	1,2066	1,2070
EUR/GBP	0,8773	0,8778
EUR/CAD	1,3862	1,3870

Vous pouvez constater que le spread est très modeste. Pour la paire EUR/USD, il est seulement de deux centièmes de cent. Ceux qui tradent sur le Forex disent que ce spread est de deux pips[7]. Un *pip* est la plus petite unité de mesure du cours d'une monnaie. Pour la majorité des paires de devises, il s'agit du quatrième chiffre après la virgule. Dans le cas du yen japonais, le pip est le deuxième chiffre après la virgule, parce que le yen a approximativement cent fois moins de valeur que les autres devises majeures.

Ainsi, quand vous voulez ouvrir une position courte sur EUR/USD parce que vous pensez que le cours de l'euro va baisser, vous vendez la paire EUR/USD pour 1,4023 dollars, en utilisant l'exemple ci-dessus. Si vous fermez votre position tout de suite, sans que le cours d'EUR/USD n'ait bougé d'un pip, vous pourriez la vendre au prix de 1,4025 dollars. En d'autres termes, quand vous fermez une position courte sur la paire EUR/USD, vous achetez de l'EUR/USD, en neutralisant ainsi la position que vous avez ouverte. Les deux pips de différence iront dans la poche de votre courtier.

---

7 Les courtiers Forex font la différence entre les spreads fixe et les spreads flottants. Le montant des spreads fixes est connu à l'avance tandis que celui des spreads flottants varie selon la volatilité du marché. Les courtiers qui proposent des spreads flottants promettant souvent des taux très bas, mais il faut se méfier : ils peuvent considérablement augmenter pendant les heures de grande volatilité.

CHAPITRE 4 LA DIFFÉRENCE ENTRE LE FOREX ET LES ACTIONS

La plus grande différence entre les actions et les devises tient à la nature du produit. Si vous possédez des actions de Shell, par exemple, vous êtes un des propriétaires de la société. Evidemment, ce n'est pas une raison pour débarquer au siège de Shell à La Haye, aux Pays-Bas, en faisant comme si vous étiez chez vous – même si vous y êtes un peu, quelque part. Par contraste, si vous possédez 10 000 euros, vous possédez de l'argent, et rien d'autre.

LE FOREX N'EST PAS UN MARCHÉ D'INVESTISSEMENT MAIS UN MARCHÉ SPÉCULATIF

Parce qu'une position sur le Forex n'a aucune valeur intrinsèque, vous ne pouvez pas vraiment investir sur le marché des changes. Un lot standard d'EUR/USD ne vaut rien si le cours ne fluctue pas en votre faveur. En revanche, dans la plupart des cas, vous toucherez de façon certaine des dividendes si vous possédez, par exemple, des actions Shell et que la société a réalisé des bénéfices (puisqu'après tout, posséder des actions revient à être propriétaire d'une partie de l'entreprise), et ce même si le cours de l'action Shell a stagné ou baissé.

Comme le cours d'une monnaie sur le Forex est toujours déterminé par rapport aux autres monnaies, il fluctue généralement davantage que le cours des actions. Le prix d'une société cotée en bourse en bonne santé financière connaitra normalement une hausse sur le long terme, parce que la valeur sous-jacente de l'action – c'est-à-dire de la société en elle-même – augmente avec le temps. Par contraste, le prix de l'EUR/USD aura davantage tendance à fluctuer que de monter sur le long terme, parce que le cours de cette paire de devises ne dépend pas uniquement de la santé financière de la zone euro, mais de la situation économique de la zone euro par rapport à celle des Etats-Unis, ce qui peut tout à fait varier avec le temps.

Le graphique en chandeliers ci-dessous représente les fluctuations du cours de la paire EUR/USD entre 2009 et mi-2011 et illustre cet état de fait. Les mouvements du cours d'EUR/USD se maintiennent à l'intérieur d'une fourchette, ce qui signifie que le cours de la paire de devises n'a que faiblement progressé, et que les tendances ne sont que temporaires.

EUR/USD
2009 t/m 2011

Le Forex est par conséquent un marché spéculatif plutôt qu'un marché d'investissement. Lorsqu'on trade sur le marché des changes, on gagne de l'argent en spéculant sur la hausse ou la baisse temporaire d'une devise donnée. Cela ne signifie pas que personne ne spécule sur la bourse ; toutefois, le noyau dur des acteurs du marché des actions a toujours été constitué d'investisseurs qui recherchent des placements à long terme.

Le saviez-vous ? Le gourou de la finance Warren Buffet a montré qu'il était malgré tout possible d' « investir » sur le Forex à long terme. Il a ouvert d'importantes positions longues sur la paire EUR/USD en 2002, quand le cours tournait autour de 0,80. Buffet soutenait que ce prix était bien trop bas et qu'il ne reflétait pas le rapport entre les Etats-Unis et l'Europe. Quand Buffet a finalement fermé toutes ses positions longues en août 2008, le cours de l'EUR/USD avait atteint 1,5950 dollar, soit une hausse de 88%[8].

LE FOREX N'EST PAS BASÉ SUR LA PROPRIÉTÉ MATÉRIELLE

Il y a une autre différence de taille entre le Forex et la bourse : les cambistes ne prennent que très rarement possession des monnaies qu'ils achètent. A cet égard, le Forex ressemble plus au marché des options et au marché à terme. Dans ces marchés, le but est davantage d'avoir le droit ou l'obligation de d'acheter une certaine quantité de produit à un moment donné que de faire livrer ce bien chez soi. Ce n'est donc pas une coïncidence si, aux Etats-Unis, les courtiers sur le Forex sont réglementés par la National Futures Associations (NFA).

---

8   On dit que Berkshire Hathaway, la société de Buffet, a gagné 2 milliards de dollars avec ce pari sur le Forex.

La propriété matérielle n'a aucun sens pour ceux qui échangent des devises. Après tout, c'est seulement si le cours des monnaies va dans leur sens qu'ils peuvent faire des bénéfices. Il n'y a pas de dividendes, et la valeur intrinsèque d'un produit ne peut pas connaitre de hausse, tandis qu'une société comme Shell prend de la valeur avec le temps, tout comme ses actions.

La grande majorité des positions ouvertes sur les monnaies sont fermées dans les 48 heures. Le long terme n'intéresse donc pas la plupart des traders sur le Forex.

LE TRADING D'ACTION COÛTE PLUS CHER

Enfin, il existe deux autres différences cruciales entre le Forex et la bourse : il faut bien plus de capital pour trader sur le marché des actions que sur celui des changes, et les petits traders ne peuvent faire de bénéfices qu'au prix de coûts élevés.

Trader des actions avec un capital de 1000 dollars ne vaut presque jamais la peine. Avec cette somme, on ne peut acheter que quelques actions, et, en plus des coûts de gestion, la banque et les courtiers prennent des frais sur chaque transaction. Il est donc impossible pour les petits traders de faire un RSI (retour sur investissement) de 5% rien que pour atteindre le seuil de rentabilité.

En revanche, avec 1000 dollars, vous pouvez réellement tirer profit du Forex. C'est tout particulièrement vrai depuis que le micro lot, dans lequel un pip vaut environ 10 cents de dollar, a été introduit. Ce lot vous permet d'ouvrir une position pour quelques euros à peine. Et grâce à l'effet de levier, vous pouvez augmenter votre RSI de façon significative. (Bien entendu, l'effet de levier peut également jouer en votre défaveur ; nous aborderons ce sujet plus loin).

Un courtier de Forex ne vous facture aucun frais en dehors du spread, le coût de transaction. Il n'y a pas de frais de gestion ou d'inscription, ni rien d'autre dans ce genre. Certains courtiers prélèvent des frais lorsque vous transférez des fonds sur votre compte en banque, mais la majorité d'entre eux ne se rémunèrent qu'avec le spread.

SIMILITUDES

Bien entendu, il existe également des similitudes entre les devises et les actions. Avec un petit peu d'imagination, on pourrait dire qu'une monnaie représente l'état de l'économie du pays qui l'utilise ; de la même manière, les actions reflètent la santé financière de la société qui les a émises. Quand Shell publie des résultats décevants et annonce des dividendes faibles, il est probable que le prix de son action baisse. De la même manière, le cours de l'euro s'effondrerait sans doute si la croissance de la plus grosse économie de la zone euro, l'Allemagne, venait à fortement ralentir.

D'autres facteurs peuvent influencer le cours d'une monnaie sur le Forex. Il s'agit du taux de chômage, des dépenses des ménages, des chiffres de l'exportation et de la production, et de la confiance des producteurs.

Si l'on considère les choses ainsi, le marché des changes ressemble un peu au marché des actions, et, d'une certaine façon, les monnaies correspondent à la valeur sous-jacente d'une entreprise, même s'il n'y a pas de corrélation directe avec les actions. Mais n'oubliez pas que même si le cours d'une monnaie est influencé, comme le prix d'une action, par la valeur sous-jacente du système économique dont elle est le reflet, il existe toujours une différence fondamentale : le taux d'une devise est déterminé par rapport à celui d'une autre monnaie. Si, un jour, la Bourse changeait de système et qu'il devenait possible de trader des paires d'actions Shell/BP, Toyota/Ford et Apple/Microsoft, le marché des actions et celui des changes se ressembleraient beaucoup. La probabilité que cela arrive est toutefois aussi faible que celle de voir les Etats-Unis adopter un capitalisme d'Etat dictatorial à la chinoise.

POURQUOI LES RÉCESSIONS IMPORTENT PEU AUX CAMBISTES

Etant donné que l'on échange les monnaies par paires en les comparant les unes aux autres, le fait que l'économie d'un pays, ou même que l'économie mondiale, soit en récession n'a aucune importance. Après tout, la baisse d'une devise au sein d'une paire de devises signifie que l'autre devise gagne automatiquement de la valeur.

Cela ne veut toutefois pas dire que les récessions n'ont aucun impact sur le prix d'une monnaie. Elles en ont un, incontestablement, mais cela ne change rien pour ceux qui tradent des devises. Quand la livre sterling baisse parce que le Royaume-Uni entre en récession, les traders sur le Forex vendent du GBP/USD et ouvrent des positions longues sur la parité EUR/GBP. La récession est encore pire dans la zone Europe ? Aucun problème, il suffit aux traders d'ouvrir des positions courtes sur l'EUR/GBP !

Bien entendu, on peut également ouvrir des positions courtes sur le marché des actions, bien que plusieurs gouvernements aient dernièrement limité cette pratique. Acheter des options permet aux traders de spéculer sur la baisse d'une action spécifique. Plus le contexte économique est incertain, plus les traders en bourse ouvrent de positions courtes. Mais plus cela dure, plus se rapproche l'inévitabilité d'une hausse du marché, tout simplement parce que les compagnies cotées en Bourse sont rentables et se développent. Lorsqu'elles perdent de l'argent sur de trop longues périodes, elles finissent par disparaitre de la Bourse.

La base du marché des actions est donc composée d'investisseurs qui ont acheté des actions afin de gagner de l'argent grâce aux dividendes annuelles et/ou au retour sur investissement qu'ils toucheront en revendant leurs actions. Une récession serait très mauvaise pour ces investisseurs, parce que les entreprises vendraient moins, feraient moins de bénéfices ou subiraient des pertes, et pourraient même fermer boutique, leurs actions perdant ainsi toute leur valeur.

Pas de règle de l'uptick

Comme nous l'avons dit plus haut, les autorités financières limitent bien souvent la possibilité d'ouvrir des positions courtes sur la Bourse, parce qu'elles considèrent que les fonds de couverture et compagnie pourraient détruire des sociétés en bonne santé financière en temps de crise, en pratiquant la vente à découvert jusqu'à ce qu'elles disparaissent. Durant les premiers mois de la crise financière de 2008, plusieurs pays, dont, entre autres, les Etats-Unis et l'Allemagne, ont interdit la vente à découvert pour un certain temps.

Jusqu'à 2007, la pratique de la vente à découvert était limitée aux Etats-Unis par la règle dite de « l'uptick », qui spécifie que l'on ne peut ouvrir de positions courtes que quand le cours d'une action a augmenté d'au moins un tick. Cette règle, très souvent critiquée, a depuis été remplacée par la Securities and Exchange Commission par le « Règlement SHO », qui régule ce que l'on appelle le *naked short selling* en anglais, ou la *vente à découvert à nu en français*. La SEC aurait toutefois pour projet de réintroduire la règle de l'uptick[9].

Fort heureusement, vous n'aurez pas à vous soucier de ce genre de règles anticapitalistes si vous tradez sur le Forex. Personne ne dira quoi que ce soit si vous vendez à découvert sur le Forex en temps de crise, parce que, sur le marché des changes, les traders ouvrent tous régulièrement des positions courtes sur des paires de devises, et ce quelle que soit la santé de l'économie mondiale.

---

9   De nombreux économistes et hommes politiques réclament la réintroduction de la règle de l'uptick depuis son abolition en 2007. Trois jours après la chute de Lehman Brothers, le 18 septembre 2008, le sénateur John McCain, alors candidat à la présidence des Etats-Unis, a déclaré que « la vente à découvert transforme les marchés financiers en casinos ».

CHAPITRE 5 LES PARTICULIERS SUR LE FOREX

Comme nous l'avons vu plus haut, le Forex a ouvert ses portes aux traders individuels il y a peu de temps. Cela a tout à voir avec la révolution technologique déclenchée par internet, qui a permis à quiconque possède un ordinateur d'avoir accès à une large gamme de logiciels de trading sophistiqués, permettant ainsi aux traders en herbe de communiquer en ligne directement avec les terminaux de trading des banques et des courtiers.

Jusqu'à il y a quinze, ou même dix ans, le marché des changes était le terrain de jeu exclusif des banques, des gouvernements et des grands acteurs institutionnels. Les grosses banques internationales échangeaient les unes avec les autres directement via des systèmes de trading pointus, ce qu'elles font encore aujourd'hui, alors que les autres protagonistes, y compris les banques plus petites, achetaient et vendaient des devises par le biais de ces grosses banques.

LES PLATEFORMES DE TRADING EN LIGNE

Tout a changé quand les banques et les courtiers ont commencé à proposer des logiciels de trading en ligne aux traders individuels. Grâce à la rapidité croissante des connexions internet et des ordinateurs, il est devenu possible de transmettre de grandes quantités de données financières à des ordinateurs tout à fait ordinaires, et vice versa, ce qui a permis de connecter les traders individuels aux marchés financiers en temps réel.

L'augmentation des logiciels de trading technique gratuits a également été une évolution majeure de ces dernières années. Avant les années 1980, les indicateurs de l'analyse technique pouvaient seulement être calculés de façon manuelle par les traders. Par la suite ont été développés des logiciels qui automatisaient cette tâche, mais qui étaient uniquement disponibles aux professionnels dans les salles des marchés. Cependant, au cours de ces dix dernières années, ces logiciels se sont généralisés et sont désormais accessibles à tous.

Aujourd'hui, même si vous vous contentez d'ouvrir un compte démo chez eux, la plupart des courtiers sur le Forex mettront à votre disposition des instruments de trading sophistiqués qui étaient jusqu'à très récemment réservés à des traders professionnels grassement payés.

Un petit conseil, toutefois : ne vous perdez pas trop dans les indicateurs techniques. Il n'est vraiment pas nécessaire d'utiliser vingt indicateurs différents pour mettre au point une stratégie de trading efficace. Les traders expérimentés vous diront que maitriser quelques uns des indicateurs techniques les plus connus est suffisant pour bâtir une stratégie de trading qui fonctionne. Nous reviendrons sur ce point plus tard dans cet ouvrage.

COMMENCEZ AVEC UN PETIT CAPITAL DE TRADING

Quand le marché des changes a ouvert ses portes aux particuliers, la plus petite taille de lot disponible pour les traders étaient le *lot standard*, qui correspond à 100 000 unités. Avec un effet de levier de 100/1, ce qui était le maximum à l'époque, il fallait 1000 euros pour acheter un lot standard de la paire EUR/USD. Même avec un effet de levier de 400/1, l'effet de levier maximal offert par la plupart des courtiers basés hors des Etats-Unis, il fallait quand même 250 euros pour ouvrir une position sur un lot standard. Comme un pip équivaut à peu près à 10 dollars, le trading sur le Forex était souvent bien trop cher pour les petits traders.

Tout cela a changé avec l'introduction du *lot mini*, qui représente un dixième d'un lot standard. Un pip vaut seulement un dollar dans un lot mini ; avec un effet de levier de 400/1, 25 dollars suffisent pour ouvrir une position.

Il y a quelques temps, un lot encore plus petit a été introduit par de nombreux courtiers : le lot micro qui, vous l'aurez probablement deviné, correspond à un centième d'un lot standard, avec un pip d'une valeur de 10 cents de dollar.

Tout cela signifie que si vous voulez commencer le Forex sans prendre de risque, ce qui est très sage, quelques centaines d'euros vous suffiront pour trader des lots micro. Comme un pip vaut seulement 10 cents dans les lots micro, un capital de 200 euros vous permet de contrôler 2000 pips.

Chapitre 6 Petit lexique du Forex

Lorsque l'on commence à s'intéresser à un sujet aussi vaste que le trading financier, on peut facilement se sentir submergé par l'avalanche de nouveaux termes, définitions et concepts. De ce point de vue, ce livre ne fait pas exception, et c'est malheureusement difficile de faire autrement. Non seulement il serait très peu pratique d'expliquer le sens de chaque terme au moment où il apparait dans le livre, mais cela ne vous préparerait pas à utiliser une plateforme de trading en ligne ou à lire d'autres ouvrages sur le trading, puisqu'ils utilisent tous la même terminologie.

Dans ce chapitre, nous allons passer en revue quelques-uns des termes les plus importants. Vous retrouverez cette liste à la fin du livre, ce qui vous permettra de la consulter facilement quand vous en avez besoin. Les termes ci-dessous sont utilisés si souvent dans cet ouvrage qu'il est recommandé de vous assurer que vous les avez bien compris avant de continuer la lecture.

Ouvrir une position

Cela signifie acheter ou vendre un ou plusieurs lots. Par exemple, vous pouvez ouvrir une position sur le Forex en achetant un lot mini d'EUR/USD.

Positions longues et positions courtes

Quand vous voulez spéculer sur la hausse d'une monnaie, vous ouvrez une position longue sur cette devise (*going long* en anglais). A l'inverse, spéculer sur la baisse d'une monnaie s'appelle ouvrir une position courte (*going short*, ou *shorting* en anglais) sur cette monnaie.

Stop Loss

Il s'agit d'un prix prédéterminé, qui se situe quelque part en dessous du seuil de rentabilité, et qui, une fois atteint, entraine la fermeture de la position, afin d'éviter des pertes plus importantes. Par exemple, supposons que vous achetiez un lot d'EUR/USD au prix de 1,6250 dollars en plaçant un stop loss à 1,6180 : votre perte maximale serait de 70 pips. En d'autres termes, un stop loss vous permet de déterminer à l'avance le montant maximal que vous pouvez vous permettre de perdre sur une position donnée. Les débutants, tout particulièrement, devraient **toujours** placer des stop loss.

Prise de bénéfices (take profit)

La prise de bénéfices, ou *take profit* en anglais, est un prix prédéterminé, fixé un peu au-dessus du seuil de rentabilité. Lorsqu'il est atteint, la position est fermée, afin de faire un bénéfice. Cela fonctionne de la même manière qu'un stop loss, sauf que dans ce cas, les choses sont en votre faveur. De nombreux traders placent des prises de bénéfices (ou des objectifs de rentabilité) pour éviter de fermer une position trop, par peur, ou de la fermer trop tard, par appât du gain. Placer une prise de bénéfices n'est pas aussi indispensable que de mettre en place un stop loss, mais cela peut s'avérer utile pour les débutants ; cela permet en effet de s'entrainer à trader en suivant un plan fixé à l'avance, ce qui est une des compétences les plus précieuses pour devenir un bon trader.

LES TAUREAUX ET LES OURS (BULLS & BEARS)

Traditionnellement, on surnomme les traders qui pensent que la tendance du marché est à la hausse « taureaux », ou « bulls » en anglais, alors que ceux qui estiment que le marché va baisser sont appelés « ours », « bears » en anglais. Le fait qu'il y ait une statue d'un gros taureau[10] en bronze tout près de Wall Street à New York n'est donc pas un hasard : cet animal symbolise la « tendance haussière du capitalisme ».

LE BID ET L'ASK

Les courtiers donnent toujours deux cours pour une paire de devises, le *bid* et l'*ask* (ou l'offre et la demande). Le bid est toujours le plus bas des deux, et correspond au prix de vente, ou d'ouverture d'une position courte, sur la paire de devises. L'ask indique quant à lui le prix d'achat de cette paire de devises. La différence entre les deux est ce que l'on appelle le *spread*.

SPREAD

C'est la différence entre le bid et l'ask, avec laquelle les courtiers se rémunèrent en échange des services qu'ils fournissent, c'est-à-dire le fait d'ouvrir des positions pour leurs clients. Quand le prix de vente de l'EUR/USD est de 1,4000 et que le prix d'achat est de 1,4003, le spread est de 3 pips.

DEVISE DE BASE ET DEVISE DE CONTREPARTIE

Comme nous l'avons vu, on échange toujours les devises par paires. On peut échanger l'euro contre le dollar, la livre sterling, le yen, etc. La première devise qui apparait dans une paire s'appelle la *devise de base*. C'est la devise dont vous faites l'acquisition lorsque vous achetez un lot. Par exemple, si vous achetez un lot d'EUR/USD, vous achetez des euros, ou vous *ouvrez une position longue* sur l'euro. La deuxième monnaie, qui sert à donner la valeur de la devise de base, est appelée la *devise de contrepartie*. Dans le cas de la paire EUR/USD, le dollar est la devise de contrepartie, et la valeur de l'euro est exprimée en dollars.

---

10   Le taureau de Wall Street, appelé en anglais « Charging Bull » ou « Bowling Green Bull », est une statue de bronze de l'artiste Arturo Di Modica, qui pèse quelques 3200 kilos. On considère qu'elle est un symbole du capitalisme. Elle est installée dans le Bowling Green Park, tout près de Wall Street, à Manhattan.

DEVISES CROISÉES

Il existe des paires de devises dans lesquelles le dollar américain n'est ni la devise de base, ni la devise de contrepartie. C'est par exemple le cas d'EUR/GBP, d'EUR/JPY, ou de GBP/JPY. Comme ces paires de devises sont moins « liquides », c'est-à-dire qu'elles sont moins souvent échangées que les autres, leur spread est plus élevé.

GRAPHIQUE EN CHANDELIERS

La façon la plus commune de suivre les fluctuations des prix d'une paire de devises consiste à utiliser un graphique en chandeliers. Celui-ci est composé de « bougies » de deux couleurs différentes (habituellement rouges et vertes), une pour les moments où le prix monte, et l'autre pour celles où il baisse. Le point le plus bas de la bougie montre le prix le plus bas d'une période donnée, et le point le plus élevé correspond au prix le plus élevé. Une bougie verte signifie que le prix a clôturé à la hausse, sur la partie épaisse de la bougie, tandis qu'une bougie rouge indique que le prix a clôturé à la baisse, à la base de la bougie.

La légende raconte que le graphique en chandeliers a été inventé au XVIIe siècle par un marchand de riz japonais qui cherchait une façon efficace et rapide de se faire une idée des fluctuations des prix du riz.

On a énormément écrit sur les différents motifs qui composent les graphiques en chandeliers. Vous n'aurez donc aucun problème à trouver des informations sur les *Trois soldats blancs*, sur le nuage *Ichimoku* ou sur les autres types de motifs, dont les noms semblent tout droit sortis d'une version pour adultes de Pokemon[11].

EFFET DE LEVIER (LEVERAGE)

L'effet de levier est le rapport entre la valeur sous-jacente d'une transaction et la somme mise de côté pour couvrir les pertes. Il permet de rendre la spéculation sur les instruments financières plus accessible aux traders qui n'ont qu'un petit capital, parce qu'ils n'ont alors besoin que d'une petite partie du total de la somme qu'ils contrôlent.

Exemple : avec un effet de levier de 400/1, qui est le levier maximal chez la plupart des courtiers sur le Forex, vous n'avez besoin que de 2,50 dollars pour acheter un lot micro d'EUR/USD.

1 lot micro = 1000 unités

Effet de levier 400/1

---

11   Selon beaucoup, la « Bible » des livres sur les graphiques en chandeliers est l'ouvrage de Steve Nilson Les Chandeliers japonais : Un guide contemporain sur d'anciennes techniques d'investissement venues d'Extrême-Orient.

Fonds nécessaires = 1000/400 = 2,50 $

Comme un pip équivaut à 10 cents quand on achète un micro lot, 2,50 $ vous permettent d'avoir un capital « tampon » de 25 pips, pendant lesquels le cours de la paire de devises peut aller à l'opposée de la position que vous avez ouverte avant qu'elle ne soit automatiquement fermée. En d'autres termes, avec un effet de levier de 400/1, vous pouvez placer 1000 $ avec seulement 2,50 $.

L'effet de levier est bien entendu une arme à double tranchant, parce qu'il démultiplie aussi bien les pertes que les bénéfices. C'est aussi ce qui ouvre les portes du Forex aux petits traders, qui veulent adopter des stratégies agressives pour obtenir de plus gros profits.

LOT STANDARD

Une unité de mesure qui représente 100 000 unités d'une monnaie donnée. D'autres unités de mesure ont été introduites : le *lot mini* (10 000 unités) et le *lot micro* (1000 unités).

PIP

Il s'agit de la plus faible variation de prix d'une paire de devises. Cela correspond au quatrième chiffre après la virgule pour la majorité des paires de devises (par exemple, pour l'EUR/USD : 1,452**2** $)

RÉSISTANCE ET SOUTIEN

Les prix qu'une paire de devises a eu du mal à dépasser par le passé ou qui forment une sorte de barrière naturelle, comme le seuil psychologique de 1,5000 $ pour l'EUR/USD.

Les points de *résistance* sont des prix qu'une paire de devises en hausse n'arrive pas à franchir. Plus le mouvement haussier d'une paire de devises est stoppé, plus on dit que le seuil de résistance est important.

Il en va de même pour le *soutien*, mais avec des prix en baisse.

Partie II

Comment trader sur le Forex

Chapitre 7 Votre premier compte Forex

C'est par la pratique que l'on apprend. En matière de trading sur le Forex, cela ne signifie pas que vous devez vider votre compte épargne et tenter le tout pour le tout, bien au contraire : le marché des changes n'a aucune pitié pour les débutants imprudents. D'un autre côté, il est impossible d'apprendre à nager sans se mouiller, et vous devrez donc échanger des devises pour de vrai si vous voulez devenir un bon trader (si cela ne vous plait pas, il est encore temps de choisir une activité moins ambitieuse.) Heureusement, grâce aux lots micro, quelques centaines d'euros suffisent aujourd'hui pour commencer sur le Forex, ce qui n'est rien comparé aux milliers d'euros, et voire plus, dont il fallait autrefois disposer pour commencer à trader.

Même si tous les débutants ne peuvent pas avoir un coup de chance, il faut savoir qu'ouvrir une position sur le GBP/USD avec un effet de levier de 400/1 n'est pas la même chose qu'acheter 100 actions Apple. Sur le Forex, la spéculation avec effet de levier est à la fois rapide, fluide et dynamique. Cela peut être très lucratif, mais aussi risqué et peu rentable. Les cambistes les plus expérimentés tirent souvent parti des erreurs des traders en herbe, qui, par exemple, placent des stop loss et des prises de bénéfices à des seuils trop évidents, ou utilisent la technique du short covering alors que les prix sont en hausse. Et, puisque les traders parient les uns contre les autres sur le Forex, tout comme dans une partie de poker, ce sont les perdants qui paient les gagnants. La banque, ou pour ainsi dire le casino, fait uniquement office d'intermédiaire.

Le saviez-vous ? En réalité, tout cela est bien plus complexe, parce que les banques tradent également pour elles-mêmes, ce que l'on appelle le « trading pour compte propre ». Toutefois, à cause de la crise de 2008, cette pratique est de plus en plus limitée par les gouvernements, notamment lorsqu'elle s'accompagne d'une activité de banque commerciale. La crise a en effet montré, une fois de plus, à quel point le fait que de grosses banques tradent pour leur propre compte avec l'argent de leurs clients peut être dangereux.

Est-il possible de gagner beaucoup d'argent avec le Forex ? Oui, sans aucun doute. Les traders intelligents et talentueux peuvent gagner de petites fortunes en peu de temps, en commençant avec un capital de trading relativement modeste. Mais ce n'est pas en vous jetant à l'eau sans connaitre le Forex et en dépensant plus d'argent que vous ne pouvez vous le permettre que vous pourrez espérer les imiter. Il vaut mieux y aller petit à petit et faire grossir votre capital peu à peu, plutôt que de tenter le tout pour le tout et de se retrouver sans rien.

LE CAPITAL DE TRADING MINIMUM

Le capital dont vous avez besoin pour commencer à trader sur le Forex dépend de vos objectifs.

Si vous débutez et que vous voulez simplement essayer de trader sur le marché des actions, vous aurez seulement besoin de 200 euros. Vous pouvez utiliser cet argent pour ouvrir un compte « micro » chez un courtier Forex et trader des positions sur des lots micro de 1000 unités (1 pip = 10 cents de dollar) tout en disposant d'un capital « tampon » de 2000 pips. Cela serait même suffisant pour gérer vos fonds avec prudence, et plus qu'assez pour vous permettre de trader pendant un moment et de tirer des leçons de vos erreurs.

Si vous voulez aborder le Forex plus sérieusement et savoir si vous pourriez gagner votre vie sur le marché des changes, un capital de 200 euros est suffisant pour voir si vous êtes capable de réaliser des trades rentables de façon régulière. La plupart des stratégies de trading peuvent en effet résister aux fluctuations des prix. De toute évidence, plus votre capital de départ est faible, plus vos profits en chiffres absolus seront modestes. Ne vous attendez donc pas à ce que vos 200 euros génèrent suffisamment de trésorerie au bout de trois mois pour vous permettre de quitter votre emploi.

De nombreux débutants sur le Forex perdent l'intégralité de leur capital de départ. Cela est dû à plusieurs raisons. Tout d'abord, trouver une stratégie de trading qui vous convient nécessite du temps et de l'argent, tout comme apprendre à préserver votre capital en gérant les risques convenablement. Ensuite, il y a de nombreux pièges psychologiques, qui sont inévitables lorsque l'on trade sur un marché financier aussi mouvant et passionnant. Il vous faudra à apprendre à gérer votre frustration, lorsque vous verrez par exemple des positions qui semblaient prometteuses s'écrouler, parfois les unes après les autres. Vous aurez besoin d'acquérir la discipline nécessaire pour vous forcer à arrêter quand vos émotions vous disent de prendre *davantage* de risques afin de compenser vos pertes. Tout le monde ne possède pas les qualités qui font un bon trader – la capacité de rester calme, raisonnable et rationnel, surtout dans le feu de l'action.

Avant de se lancer, il est important de réaliser qu'apprendre à trader de façon rentable et régulière demande du temps, de l'argent et pas mal de patience. Ne vous jetez pas dans l'arène tout d'un coup, en utilisant des fonds que vous ne pouvez pas vous permettre de perdre. En même temps, il ne faut pas abandonner si votre première tentative se révèle infructueuse et si vous perdez vos 200 euros.

Bien entendu, il est impossible de gagner sa vie sur le Forex avec un capital de 200 euros. Mais, de toute façon, il n'est pas intéressant pour vous, qui débutez dans le trading, d'essayer de savoir de quelle somme vous devez disposer pour survivre en tradant à temps plein. Posée de cette façon, cette question n'a pas de réponse simple, parce qu'elle dépend de plusieurs facteurs, comme, par exemple, la stratégie de trading que vous utilisez, la somme que vous souhaiteriez gagner tous les mois, et la taille du capital « tampon » que vous devez avoir dans votre compte de trading pour vous sentir à l'aise.

Vous devriez ainsi prendre le temps de savoir si vous pouvez gagner de l'argent ou pas sur une période plus longue. Commencez avec un capital de trading compris entre 200 et 1000 euros, optez pour des lots de petites tailles et assurez-vous de limiter les risques, en plaçant un stop loss à chaque fois que vous ouvrez une position, et en vous laissant le temps d'apprendre de vos (inévitables) erreurs.

CHOISIR LE BON BROKER DE FOREX

Trader des devises revient à spéculer de façon active. Même les traders qui ouvrent des positions sur des semaines et des mois les surveillent régulièrement et les modifient, en augmentant certaines positions et en liquidant d'autres, ou en ouvrant des positions sur de nouvelles paires de devises. Il est donc fort probable que vous interagissiez plus souvent avec la plateforme de trading fournie ou utilisée par votre broker Forex qu'avec les systèmes de trading en ligne dédiés aux investissements en bourse.

Comme vous passerez beaucoup de temps en ligne, l'aspect et la convivialité d'une plateforme de trading est très important, tout comme la qualité du service clients offert par le courtier. Est-il uniquement possible de le joindre via email ou chat, ou propose-t-il également un service par téléphone ? Ce service est-il disponible cinq ou sept jours sur sept ? L'équipe du service clientèle est-elle sympathique et disponible ? Ces choses peuvent vous sembler bien triviales pour l'instant, mais vous vous rendrez compte à quel point elles sont importantes quand vous n'arriverez pas à vous connecter à votre compte, ou que vous aurez un problème au moment d'effectuer un retrait. Ce sont des choses qui arrivent, et la façon dont votre courtier règle ces soucis fait toute la différence.

Si vous utilisez un ordinateur Apple, assurez-vous que le logiciel de trading fourni par le courtier est compatible avec iOS. Si ce n'est pas le cas, il vous sera tout de même possible de l'installer sur votre machine, mais il est toutefois bien plus pratique de trouver un broker proposant une plateforme de trading sans téléchargement fonctionnant sous Java.

Il faut également prendre en compte l'autorité de régulation financière qui a accordé son agrément à une plateforme de trading. Un courtier régulé par la FSA britannique ou par la BaFin allemande inspire un peu plus confiance qu'un broker régulé par l'organisme de surveillance du Panama ou de l'Île Maurice, ou, pire encore, qu'un broker qui n'est contrôlé par personne. Les brokers non régulés ne sont pas forcément mauvais, mais le fait qu'un courtier soit supervisé par l'autorité financière indépendante d'un pays possédant une bonne réputation dans le monde de la finance est clairement un atout.

Vous pourrez trouver un comparatif des principaux brokers à l'adresse www.forexambitiousbeginners.com,

COMPTE DÉMO OU COMPTE RÉEL ?

La réponse à cette question est très simple : il vous faut les deux. Il y a une seule différence entre un compte démo et un compte réel : l'argent.

Sur un compte démo, on utilise de *l'argent fictif*, tandis que le compte réel sert à trader avec de *l'argent réel.*

Il est impossible d'apprendre à gagner de l'argent sur le Forex en tradant uniquement sur un compte démo. En effet, sur un compte démo, l'aspect psychologique du trading n'entre pas en jeu. Comment réagissez-vous sous la pression ? Que faites-vous lorsqu'une position se retourne contre vous alors qu'elle était si proche de l'objectif de rentabilité que vous vous êtes fixé ? Faut-il fermer la position immédiatement ? Et que faire si le cours d'un actif se rapproche trop de votre spot loss ? Faut-il que vous déplaciez le stop loss ? Quelle stratégie adoptez-vous quand 70% de vos positions ont été automatiquement clôturées pendant trois jours d'affilée, alors que, normalement, seules 30% de vos positions se révèlent perdantes ?

Voici seulement quelques exemples de situations auxquelles vous serez confronté en tant que trader. Vous affronterez ces problèmes très différemment selon que vous avez mis en jeu de l'argent réel ou de l'argent fictif. On ne peut pas apprendre à surfer sur du sable, ou à jouer au poker avec des allumettes (à moins que chaque allumette ne vaille 100 euros). De la même façon, on ne peut pas devenir un bon trader sur le Forex en ne dépensant que de l'argent fictif.

Cela étant dit, ouvrir un compte démo peut vraiment vous aider à vous habituer à votre nouvelle plateforme de trading ou à tester de nouvelles stratégies. Lorsque vous essayez une nouvelle technique, ne pas utiliser d'argent réel est un gros avantage : cela vous permet de tester un système dans des conditions optimales, sans que le stress n'altère votre discernement.

OUVRIR VOTRE PREMIÈRE POSITION

Très bien, alors si vous ne l'avez pas encore fait, ouvrons votre première position tout de suite. Choisissez le broker qui vous plait le plus sur le site www.forexforambitiousbeginners.com/forex-brokers et ouvrez un compte démo. Ou, si vous voulez passer aux choses sérieuses, ouvrez un compte en argent réel et déposez-y 200 euros.

Supposons maintenant que vous pensez que le cours de l'euro par rapport au dollar va chuter. En effet, vous avez entendu de mauvaises nouvelles sur le taux de chômage en Allemagne, et, ensuite, en consultant le cours d'EUR/USD sur un graphique en chandeliers, vous avez constaté une claire tendance à la baisse.

Après vous être identifié, vous accédez à la plateforme de trading de votre broker, depuis votre ordinateur, directement sur le web, ou via une application mobile installée sur votre smartphone ou votre tablette. Vous recherchez la paire de devises EUR/USD et vous cliquez sur « sell » (vendre). Ensuite, il vous faudra préciser votre ordre de vente, ce qui est important, parce que cela vous permet de limiter les risques et de déterminer un objectif de rentabilité.

Le cours de l'EUR/USD peut aisément fluctuer de 100 pips dans un sens ou dans l'autre chaque jour (souvenez-vous : un pip est la plus faible variation de prix possible, dans ce cas, le quatrième chiffre après la virgule). Comme vous ne souhaitez pas avoir de mauvaise surprise, vous placez un stop loss.

Pour l'instant, le cours d'EUR/USD est de 1,4215 $. L'étude du graphique en chandeliers vous a permis de conclure que si le cours de la paire de devises atteint 1,425 $, il y a de grandes chances qu'il augmente encore. Vous placez donc votre spot loss à 1,4260 $. Ainsi, votre position sera automatiquement fermée si l'EUR/USD atteint un prix de 1,460 $, et vos pertes potentielles ne pourront pas dépasser 45 pips. Le montant que représentent ces 45 pips dépend de la taille de votre position.

Puisque vous débutez sur le Forex, vous décidez d'ouvrir une position sur un seul lot micro (1000 unités, avec un pip correspondant à 10 cents de dollar). Votre perte maximale, dans ce cas, serait de 45 x 10 cents de dollar + un spread de 3 pips = 4,8 $.

En utilisant un effet de levier de 400/1, vous n'avez besoin que de 2,5 $ pour ouvrir une position sur un lot micro de 1000 unités. Le prix peut ensuite fluctuer de 25 pips en votre défaveur avant que la position ne soit automatiquement fermée.

Toutefois, vous décidez de laisser un peu plus de marge à votre position et vous mettez en jeu 4,5 $. Le spread, facturé par votre broker pour l'ouverture de la position, est immédiatement déduit de votre compte, mais vous ne recevrez les profits qu'une fois la position fermée.

Puisque vous ne vous attendez pas à ce que l'EUR/USD descende plus bas que 1,4000 $, vous fixez votre objectif de rentabilité à 1,4005 $. Comme nous l'avons dit plus haut, fixer un seuil de rentabilité n'est pas aussi essentiel que de mettre en place un stop loss, mais cela peut vous aider à planifier votre trade en vous évitant de clôturer votre position trop tôt ou trop tard. Stop loss et seuils de rentabilité ne sont pas uniquement destinés aux débutants, et nombre de traders confirmés les utilisent également. En plus de permettre d'éviter les prises de décisions sous le coup de l'émotion, ces outils sont très pratiques dans les cas où, pour une quelconque raison (tremblement de terre, coupure d'internet, rendez-vous amoureux), vous êtes dans l'impossibilité de clôturer une position manuellement.

Vous risquez 45 pips pour en gagner 210. Même si ce trade ne fonctionnait qu'une fois sur quatre, vous réaliseriez tout de même un joli bénéfice. Regardez plutôt : vous perdriez 135 pips (3 x 45) et gagneriez 210 pips (1 x 210), pour faire un bénéfice net de 75 pips. En déduisant les 4 x 3 pips du spread, votre bénéfice se monterait à 63 pips sur 4 trades. Pas mal du tout !

Satisfait de la façon dont vous avez configuré votre trade, vous cliquez sur « soumettre »/ « ouvrir »/ « Banzaïïïïïï !!! », et ça y est, la position est ouverte. Vous êtes désormais officiellement un trader Forex !

GÉRER SON ARGENT

Les cambistes sous-estiment bien souvent l'importance d'une bonne gestion financière. Ils passent beaucoup de temps à chercher et à mettre au point la stratégie de trading idéale, mais négligent fréquemment de s'intéresser à la gestion de leur capital. Il en va de même, par ailleurs, de l'aspect psychologique du trading, que nous aborderons plus tard.

La gestion des fonds, ou, plutôt, son absence, est une des principales raisons pour lesquelles tant de traders débutants perdent leur capital de trading en moins de temps qu'il n'en faut pour le dire. Déçus, ils arrêtent complètement de trader. Croyez-moi, tenter le tout pour le tout, déposer 2000 euros sur votre compte de trading et risquer 200 dollars par trade ne vous mènera à rien.

Règle numéro 1 : Survivre.

Que vous soyez un trader novice ou expérimenté, votre mission la plus importante est de rester dans la course (bon, d'accord, c'est votre deuxième mission la plus importante après gagner de l'argent). Faire des trades perdants est inévitable, mais, si vous êtes fauché, vous n'aurez pas l'opportunité de compenser ces pertes avec des trades rentables.

Il est donc capital de savoir quelle proportion de vos trades est profitable et quel est votre ratio moyen risque/rendement par transaction (c'est-à-dire combien de pips vous risquez pour faire X pips de bénéfice). Cela vous permettra de déterminer combien d'argent vous pouvez mettre en jeu à chaque trade et quelle est *l'espérance de gain* vos trades.

Exemple

Supposons qu'un trade sur quatre est rentable, et que votre un ratio risque/rendement est de 1,5 par trade, ce qui signifie qu'en moyenne vous risquez 1 pip pour en gagner 5.

Supposons également qu'en moyenne, vous risquez 40 pips par position. Cela signifie, si l'on prend en compte votre ratio risque/rendement de 1,5, que vous pouvez gagner jusqu'à 200 pips sur vos trades réussis.

Comme un trade sur quatre seulement est rentable, vous perdez en moyenne 3 x 40 pips et gagnez 1 x 200 pips. Votre bénéfice brut s'élève donc à 80 pips sur quatre trades. Après avoir déduit 4 x 3 pips pour le spread, votre bénéfice net est de 68 pips. Votre espérance de gain est donc de 68 : 4 = 17 pips par trade.

La bonne nouvelle, c'est que l'espérance de gain de votre stratégie de trading est positive. Quant à la mauvaise nouvelle... et bien il n'y en a pas vraiment, tant que vous gardez à l'esprit que la probabilité de faire un trade gagnant sur quatre est juste une moyenne. Sur de plus longues périodes, vous pouvez en perdre plus (ou en gagner plus). Il faut par conséquent que vous ayez un capital de trading « tampon » suffisant.

Un bon principe de base est de disposer d'au moins 10 fois le capital nécessaire pour faire un trade gagnant. Dans l'exemple ci-dessus, vous auriez besoin de suffisamment de fonds pour faire 40 trades (parce que, en moyenne, un trade sur quatre est gagnant).

Bien entendu, vous ne saurez pas dès le départ combien de vos trades vont s'avérer gagnants. Il est donc judicieux d'avoir assez d'argent pour faire au moins 40 ou 50 trades. Si l'on suppose que chaque trade est de la taille d'une position sur un lot micro (1 pip = 10 cents de dollar) et qu'il vous faut une marge de manœuvre de 50 pips, vous avez besoin de 5 dollars pour faire un trade (soit 50 pips x 10 cents). Ainsi, pour disposer de suffisamment de fonds pour faire 50 trades, vous auriez besoin de 50 x 5 $ = 250 $.

Une autre règle bien pratique, fréquemment utilisée par les traders, est de ne jamais mettre en jeu plus de 2,5% de votre capital à chaque trade. Il n'est pas obligatoire de suivre cette règle à la lettre, puisque cela signifierait recalculer, après chaque trade, combien de pips vous pouvez risquer, mais il est prudent de la garder à l'esprit.

QU'EST-CE QU'UN RETOUR SUR INVESTISSEMENT RÉALISTE ?

On demande souvent comment fixer un retour sur investissement (RSI) réaliste sur le trading sur le Forex. Malheureusement, il n'est pas facile de répondre à cette question. Le chiffre de 35% (pour un RSI annuel) revient souvent. Toutefois, même si ce n'est pas du tout un mauvais retour sur investissement, surtout quand on sait que jouer en bourse sur une période de 30 ans produit un RSI compris entre 8 et 12% par an, ce chiffre sort de nulle part.

Le retour sur investissement annuel, c'est-à-dire le montant généré par un investissement chaque année, dépend d'un certain nombre de facteurs. Parmi eux, la stratégie de trading utilisée, le risque pris et la fréquence à laquelle l'investissement initial est remis en jeu.

Prenons l'exemple d'un trader qui suit la tendance (un « trend trader ») et qui dispose d'un capital de trading de 250 dollars. S'il ouvre dix positions par an sur des lots micro et qu'il gagne 500 pips par an, réalisant un profit de 50 dollars, il fait un retour sur investissement de 20% sur son capital de départ de 250 dollars. S'il ouvre deux fois plus de positions, il peut doubler son retour sur investissement. Bien entendu, améliorer un retour sur investissement n'est pas si simple que cela ; parfois, cependant, tout ce dont un trader a besoin est de temps pour ouvrir davantage de positions. Il faut également prendre en compte le fait que toutes les stratégies de trading ne conviennent pas à tout le monde, et que les traders ne sont pas tous dotés du même goût du risque, même si cela leur permettrait d'obtenir un retour sur investissement bien plus important.

Un trader adepte du scalping qui fait 100 trades par jour en gagnant en moyenne 0,5 pip par trade doit faire 100 transactions pour disposer d'autant de pips que le trader susmentionné, qui choisit de suivre les tendances. Mais comme le scalper est beaucoup plus actif, avec 100 trades par jour au lieu de 10 par an, il peut facilement toucher un retour sur investissement bien plus élevé.

Toutefois, comme vous débutez sur le Forex, il est bien plus intéressant de vous concentrer sur l'espérance de gain de vos trades et de vous assurer que celle-ci soit bien positive, en surveillant de près votre ratio risque/rendement, plutôt que de ne penser qu'à votre retour sur investissement annuel. Cela viendra plus tard.

Une fois que vous aurez réussi à concilier régularité et rentabilité sur le Forex, vous pourrez comparer le retour sur investissement offert par votre stratégie de trading avec celui d'autres traders à succès qui utilisent les mêmes techniques que vous.

LE TRADING AUTOMATIQUE : OUI OU NON ?

Il y a deux façons de pratiquer le trading automatique :

1. Vous pouvez créer votre propre *Expert Advisor* (ou robot Forex)
2. Vous pouvez acheter un *Expert Advisor* déjà existant

Créer votre propre Expert Advisor

Toutes les stratégies de trading peuvent être automatisées, même si certaines sont plus faciles à paramétrer que d'autres. Si vous vous y connaissez un peu en programmation, vous pouvez envisager de créer votre propre Expert Advisor ou robot Forex[12].

L'idée, c'est de programmer les conditions nécessaires pour déclencher un trade dans votre Expert Advisor (EA). Ensuite, l'EA ouvrira des positions pour vous à chaque fois que les critères seront remplis. Ou, si vous ne voulez pas utiliser un système complètement automatisé (de peur que les robots ne prennent le pouvoir à cause de vos super talents de programmateur), vous pouvez configurer l'EA pour qu'il vous prévienne simplement à chaque fois que les conditions d'un trade sont réunies.

Travailler avec votre propre EA est avantageux à plus d'un titre. Tout d'abord, les émotions n'entrent pas en jeu, puisque les positions ne sont ouvertes que lorsque certains critères rationnels et définis à l'avance sont remplis. Ensuite, cela vous permet de pouvoir analyser votre stratégie de trading et d'y apporter des améliorations plus facilement. Enfin, grâce à votre Expert Advisor, vous pouvez faire un nombre plus important de trades, parce que votre robot surveille les marchés pour vous, vous alertant quand une paire de devises correspond à vos critères, ou ouvrant directement des positions pour vous.

Certains logiciels peuvent vous aider à créer un EA, mais, comme nous l'avons dit, il est nécessaire d'avoir des compétences de base en programmation.

Acheter un Expert Advisor ou un robot Forex déjà existant

Les EA « clés en main » ont généralement un intérêt limité. Comme vous n'avez pas conçu le robot Forex vous-même, vous ne savez pas comment il est configuré, et il y a des chances que la stratégie de trading qu'il utilise ne vous conviendra pas.

S'il est possible de modifier les paramètres de l'EA que vous avez acheté, vous pouvez sans doute l'améliorer pour qu'il adopte une stratégie de trading rentable. Toutefois, même si vous passez votre temps à le modifier, vous ne pourrez jamais transformer un EA basé sur des paramètres bancals en système de trading efficace.

En matière d'Expert Advisor, l'option la plus intéressante reste donc d'en concevoir un vous-même (ou bien de le faire concevoir par une personne qualifiée), en vous basant sur des critères qui fonctionnent pour vous.

---

12 En construisant par exemple un expert advisor pour la plateforme MetaTrader 4, en utilisant le langage de programmation MQL4.

CINQ CONSEILS POUR FAIRE DES ÉCONOMIES

Les cinq conseils ci-dessous sont mentionnés à plusieurs reprises dans ce livre. Ils sont très importants parce que, même s'ils ne peuvent pas vous garantir le succès (ce n'est de toute façon pas possible, sinon tout le monde gagnerait de l'argent sur le Forex), ils peuvent vous faire économiser beaucoup d'argent. L'expérience montre que de nombreux débutants perdent énormément d'argent parce qu'ils n'appliquent pas les principes suivants.

Gérez vos fonds de façon rigoureuse

La règle numéro 1, pour tous les traders Forex, est de survivre. Tout le monde perd de l'argent, mais lorsque votre compte est à sec, vous ne pouvez plus trader. Voilà pourquoi il est capital de faire tout votre possible pour rester dans la partie. Pour de nombreux traders qui débutent ou qui perdent régulièrement, l'objectif principal est de trouver une stratégie de trading rentable. Mais même s'il est important d'avoir une technique de trading efficace, gérer vos fonds de manière rationnelle et rigoureuse est au bout du compte bien plus profitable. Il y a deux principes de base en matière de gestion de fonds : ne pas mettre en jeu plus de 2,5% de votre capital par trade, et vous assurer que vous avez assez d'argent pour faire au moins 40 trades quand vous êtes débutant.

Utilisez toujours un stop loss

Le stop loss est sans doute l'arme la plus puissante de votre arsenal de trader Forex, de la même façon que le *fold* (si cela vous dit quelque chose) est l'outil le plus efficace des joueurs de poker professionnels. Le stop loss vous permet de déterminer à l'avance votre risque maximal, au pip près. C'est pourquoi il faut TOUJOURS l'utiliser !

Mettre en place un stop loss n'a que des avantages. Cela vous force à réfléchir au seuil à partir duquel le trade que vous allez faire sera considéré comme un échec. Une fois la position ouverte, vous pouvez vous convaincre de ne pas clôturer un trade qui tourne mal, en trouvant des excuses plus irrationnelles les unes que les autres. Mais si vous avez placé un stop loss avant d'ouvrir votre position (lorsque vous étiez encore capable de penser de façon rationnelle), vous aurez un repère, quelque chose qui vous rappelle que ne pas clôturer un trade une fois que le stop loss est déclenché serait vraiment faire preuve d'idiotie et de faiblesse.

Un stop loss vous oblige également à penser à votre ratio trades rentables/ trades ratés. Supposons, par exemple, que vous voulez risquer 50 pips pour en gagner 100. Cela signifie que 33% de vos trades doivent réussir pour atteindre le seuil de rentabilité. Votre stratégie de trading vous garantit-elle un taux de réussite 33% du temps ?

Le stop loss a un autre avantage : grâce à ce système, vous n'avez pas à craindre qu'un trade qui tourne mal n'anéantisse votre compte Forex au cas où vous n'auriez pas la possibilité de le clôturer manuellement. N'oubliez donc pas de toujours mettre en place un stop loss et de ne pas le déplacer une fois que vous avez ouvert une position.

Soyez réaliste

A moins d'avoir une chance incroyable, vous ne pouvez pas espérer avoir un taux de réussite de 80% et transformer un capital de trading de 500 € en 10 000 € en six mois. Avec cet état d'esprit, vous n'obtiendrez que déception, frustration et échec (sauf si vous avez beaucoup, beaucoup de chance). Soyez réaliste dès le départ. Déterminez un taux de réussite atteignable, en fonction de la stratégie que vous utilisez et de votre expérience. Faites le point sur le temps que vous pouvez passer à trader et à apprendre. Une fois que vous aurez une vue d'ensemble de vos outils et de vos compétences, vous verrez qu'il sera beaucoup plus facile de mettre en place une stratégie de trading rentable.

Imaginons, par exemple, que vous tradez pendant la journée, en utilisant une stratégie avec laquelle vous risquez en moyenne 15 pips pour en gagner 30. Au bout de 200 trades environ, il s'avère que 50% de vos trades ont atteint leur objectif de rentabilité de 30 pips. Les autres 50% ont mal tourné et ont déclenché votre stop loss. Vous avez donc gagné 100 x 30 pips = 3000 pips et perdu 100 x 15 pips = 1500 pips, faisant ainsi un bénéfice brut de 1500 pips. Bénéfice brut, car il vous reste à déduire le spread, c'est-à-dire la commission que facture votre broker à chaque transaction... vous vous en souvenez ? Mettons que le spread soit de 2 pips par position : vos 400 trades vous ont coûté 400 pips. Votre bénéfice brut est donc de 1100 pips sur 200 trades, ou de 5,5 pips par trade.

Bien entendu, ces 200 trades ne suffisent pas à récolter suffisamment de données pour obtenir un résultat statistiquement significatif, mais cela vous permet tout de même d'avoir une petite idée de la rentabilité de vos trades : en moyenne, chaque position vous rapporte 5,5 pips.

Echangez avec d'autres traders

Il existe une source d'information que les traders débutants négligent souvent : les autres traders. Evidemment, il est important de lire des livres sur le Forex : grâce à eux, vous pouvez rapidement acquérir de solides bases. Pratiquer est également essentiel pour comprendre et maitriser le trading. Mais vous seriez surpris de voir à quel point les autres traders peuvent vous aider, en vous disant ce qu'ils pensent de votre stratégie de trading ou en vous faisant découvrir de nouvelles façons de trader. Pour échanger avec les autres, vous pouvez devenir membre d'un forum consacré au Forex ou bien créer un blog de trading, afin que les internautes puissent laisser des commentaires sur votre stratégie. Si vous débutez, ne soyez pas timide ; tout le monde a bien été débutant un jour, et beaucoup de traders que vous rencontrerez sur les forums de trading en ligne sont dans le même cas que vous.

Maitrisez vos émotions

Ce dernier conseil est sans doute le plus important de tous. Comme nous l'avons vu, le Forex est un marché financier divertissant et passionnant où les choses vont très vite. Il est toutefois absolument crucial de ne pas se laisser emporter. Pour les traders qui réussissent, le trading est un business et non une passion. Il faut utiliser votre capital de trading pour prendre des décisions réfléchies. Certaines vous feront gagner de l'argent, d'autres vous coûteront de l'argent. C'est aussi simple que cela. Mais si vous laissez les émotions prendre le pas sur la raison, vous pouvez être sûr que les pertes vont se multiplier très vite.

Je parle de toutes ces fois où vous déplacez votre stop loss parce que vous ne pouvez pas vous résoudre à faire un trade raté. Ou de ces moments où vous décidez d'ouvrir une position là, tout de suite, maintenant, ignorant le fait que votre stratégie vous conseille d'attendre, tout cela juste parce que vous avez peur de passer à côté d'un trade ou bien parce que vous vous ennuyez. Ou encore de ces fois où vous êtes si contrarié d'avoir perdu 10 trades d'affilée que vous multipliez les risques par trois et ouvrez des positions sur des paires de devises sur lesquelles vous ne tradez jamais en temps normal.

C'est à ces moments-là que vous perdez en 30 minutes ce que vous avez gagné en trois semaines.

Partie III

Comprendre et anticiper les variations des prix

Chapitre 8 Les quatre devises majeures du Forex et le yuan

Pourquoi le dollar est si important

La monnaie la plus importante du Forex, et de loin, est le dollar américain. L'économie américaine est aussi de loin la plus grosse du monde[13]. Les prix de toutes les marchandises sont fixés en dollars, celles-ci s'échangent en dollars, et l'USD est la devise de base ou la devise de contrepartie dans les cinq paires de devises majeures (EUR/USD, GBP/USD, USD/JPY, USD/CHF, USD/CAD).

Le dollar doit en partie son rôle dominant à l'échelle mondiale aux accords de Bretton Woods, signés en 1944, où il fut décidé que l'étalon-or serait remis en place pour le dollar américain et que toutes les autres devises seraient désormais liées au dollar US. C'est ainsi que le dollar est devenu la *monnaie de réserve* mondiale, et que tous les autres pays ont constitué des réserves d'or et de dollars considérables.

Le dollar est donc devenu *de facto* la base du système monétaire international. Aujourd'hui, il joue encore ce rôle convoité, même si les mesures qui étaient au cœur de Bretton Woods (le rétablissement de l'étalon-or pour le dollar et le rattachement des autres monnaies au dollar, qui ont permis de stabiliser le système monétaire international) ont été abandonnées dans les années 70, quand les Etats-Unis ont délaissé l'étalon-or à cause des coûts élevés de la guerre du Vietnam.

Comme le dollar est la monnaie de réserve mondiale, les pays conservent de grandes quantités de dollars sous forme de bons du trésor américains. Le plus gros créditeur des Etats-Unis est la Chine, qui, en 2011[14], possédait plus de 1100 milliards de dollars en bons du trésor américains. Même si la dette américaine a beaucoup augmenté au cours des dix premières années du XXIème siècle, les taux d'emprunt des Etats-Unis restent relativement bas parce que les bons du trésor américains sont recherchés et que l'on considère que le risque de défaut de paiement est très faible. Toutefois, les Etats-Unis ont perdu en août 2011 le triple A que leur avait accordé Standard & Poor's parce que, selon l'agence de notation, les partis politiques se sont révélés incapables de se mettre d'accord sur la meilleure façon de réduire le déficit public.

---

13   Le PIB des Etats-Unis était de 17 348 milliards de dollars en 2014. Celui de la Chine était de 10 356 milliards de dollars. Le PIB de l'Union Européenne était plus élevé, avec 18 527 milliards de dollars, mais il ne faut pas oublier que même si elle est considérée comme une région économique, l'Union Européenne est composée de plusieurs pays.

14   Source : http://www.treasury.gov/resource-center/data-chart-center/tic/Documents/mfh.txt

La Réserve fédérale

Aux Etats-Unis, la politique monétaire est décidée et appliquée par la Réserve fédérale. La mission principale de la Fed est de stimuler la croissance économique et de préserver la stabilité des prix. Même si la Réserve fédérale est une institution indépendante, la nomination de son président est une affaire politique. Le président des Etats-Unis nomme un candidat, qui doit ensuite être approuvé par le Congrès.

Le saviez-vous ? A cause de la hausse du chômage entraînée par la crise financière de 2008, le président de la Réserve fédérale, Ben S. Bernanke, a évoqué une autre mission de la Fed pour l'année 2010 : atteindre le plein emploi. A l'époque, le taux de chômage était supérieur à 95%. Pour dynamiser les investissements et créer des emplois, la Fed a décidé d'injecter 600 milliards de dollars dans l'économie en achetant des bons du trésor américains. Cette pratique est désignée par le terme d'« assouplissement quantitatif », parce qu'elle augmente les réserves d'argent. Elle a provoqué une baisse considérable du cours du dollar.

La Fed dispose d'un autre outil lui permettant d'influencer le cours du dollar : elle peut changer les taux d'intérêt qu'elle facture aux banques qui lui ont emprunté de l'argent. Elle a ainsi abaissé son taux d'escompte jusqu'à près de 0% pendant la crise financière de 2008. Par contraste, le taux d'intérêt de la Banque centrale européenne (BCE) n'a baissé que jusqu'à 1% pendant la même période.

OÙ EST LE YUAN CHINOIS ?

La monnaie de la deuxième plus grosse économie mondiale, le yuan chinois (également appelé *renmibi*) n'est pas encore une devise flottante. La valeur du yuan est déterminée par la banque centrale chinoise, la Banque populaire de Chine (BPC). L'omniprésent gouvernement chinois tient fermement les rênes de son économie et contrôle sa propre devise, même s'il devient évident, lentement mais sûrement, qu'il ne peut pas complètement maitriser les forces du marché libre dont l'économie chinoise fait désormais partie.

Il y a encore quelques années, la valeur du yuan était tout simplement rattachée à celle du dollar par la BPC. Le cours du yuan reflétait donc à peine la forte croissance de l'économie chinoise : il ne pouvait pas augmenter librement, étant lié à la croissance américaine. Ainsi, même si l'économie chinoise était florissante et que la demande pour le yuan augmentait, sa valeur était maintenue à un niveau artificiellement bas, au grand dam des Etats-Unis et de l'Europe. En effet, un yuan très bon marché augmentait également de façon artificielle la compétitivité des exports chinois.

Le saviez-vous ? En 2005, la Chine a « déconnecté » le yuan du dollar, ce qui a immédiatement provoqué une hausse du cours de la monnaie. Pendant la crise financière de 2008-2009, la BPC a à nouveau rattaché le yuan au dollar, pour annuler cette mesure en juin 2010. Un document de travail du FMI rédigé en 2010 estime que le yuan était sous-évalué de 5 à 27%.

Malgré tout, même la Chine reconnait qu'il est nécessaire de faire du yuan une monnaie librement échangeable. Tout d'abord, ceci est utile pour contrer l'inflation, due à la combinaison d'une croissance économique rapide et d'une monnaie maintenue à un cours artificiellement faible. Comme les prix des biens et des services étaient artificiellement bas grâce au yuan faible, ils ont fini par augmenter. Une monnaie évaluée de façon plus réaliste peut avoir un effet modérateur sur l'inflation.

Ensuite, la Chine aimerait se débarrasser de l'hégémonie américaine dans le système monétaire international, et qui permet aux Etats-Unis d'emprunter des fonds à des taux ridiculement bas[15]. A cause du rôle de devise de réserve occupé par le dollar, le destin de l'économie mondiale est intimement lié à celui de la monnaie américaine, et par là à celui des Etats-Unis. Cela signifie que la Chine est obligée d'aider les Etats-Unis à se maintenir à flot.

Ces dernières années, la Chine a exprimé une préférence pour un système monétaire mondial basé non pas sur le dollar mais sur la devise (artificielle) du FMI, le DTS (droits de tirage spéciaux). La valeur du DTS est déterminée à partir des monnaies majeures, dont le dollar américain, l'euro, la livre sterling et le yen japonais. Le DTS n'est pas une devise mais un actif qui peut faire office de crédit. C'est l'unité de compte du FMI. Certains pensent que le DTS jouera un rôle important dans l'avenir et deviendra un jour la devise de réserve mondiale.

Même si la proposition de la Chine a été accueillie tièdement par plusieurs pays, d'autres font remarquer qu'avant que le DTS ne puisse être utilisé comme devise de réserve mondiale, il faut que le yuan fasse partie du panier de devises qui déterminent l'instrument financier du FMI. Mais, pour que cela soit possible, il faudrait que le yuan devienne une devise flottante et librement négociable.

Afin d'atteindre cet objectif, la Chine a déjà pris quelques (toutes petites) mesures, notamment en expérimentant à Hong Kong avec un yuan librement échangeable. Les économistes s'attendent à ce que le yuan puisse être échangé en toute liberté dans un avenir pas si lointain.

L'EURO

L'euro, la plus jeune des six devises majeures mondiales, a été introduit sous forme électronique en 1999. C'est la devise la plus importante du Forex après le dollar américain. Il s'agit de la monnaie commune des pays de l'Union

---

15   Le FMI estime qu'en 2010 le yuan était dévalué de 5 à 27%.

monétaire européenne (UME), à l'exception du Royaume-Uni, de la Suède et du Danemark. Dix-neuf pays européens utilisent l'euro : l'Allemagne, la France, l'Italie, l'Espagne, les Pays-Bas, la Belgique, l'Autriche, la Grèce, l'Irlande, la Finlande, le Portugal, Malte, Chypre, l'Estonie, la Slovénie, la Slovaquie, La Lituanie, la Lettonie et le Luxembourg.

Avec un produit intérieur brut de 18 527 milliards d'euros en 2014, l'Union monétaire européenne est le plus important bloc économique au monde. Au cours de ces dernières décennies, les marchés des actions et des obligations et les marchés à terme ont été relativement stables en Europe et ont attiré des investisseurs des quatre coins de la planète. Ceci stimule la demande pour l'euro. (Les années qui viennent de s'écouler n'ont pas été caractérisées par une grande stabilité, bien entendu. Toutefois, si la zone euro parvient à surmonter la crise de la dette, les marchés financiers européens retrouveront selon toute vraisemblance leur équilibre d'avant-crise).

L'UME concentre environ 20% des exportations et du 18% des importations à l'échelle mondiale. Dans l'ensemble, son excédent commercial est faible.

L'euro a connu des débuts quelque peu difficiles : de 1,20 $, son prix de départ, il a chuté à 0,80 $ au cours des premiers mois de son existence. Toutefois, en 2007, le cours de la monnaie unique européenne a dépassé 1,60 $. Mais la crise financière mondiale de 2008 a porté un coup dur à la zone euro, et l'euro est tombé en dessous de la barre des 1,24 $ pour la première fois depuis des années. La crise de la dette grecque a encore fait baisser davantage l'euro, qui a chuté à 1,20 $ en 2010. Il est même descendu en dessous de 1,05 $ au début de l'année 2015, au moment où on a cru que le nouveau gouvernement grec de gauche radicale n'accepterait pas de faire des réformes économiques en échange d'un nouveau plan de sauvetage. Quand un accord a finalement été conclu, le cours de l'euro a augmenté.

Le saviez-vous ? Selon plusieurs économistes, la crise financière de 2008 et la crise européenne de la dette de 2009 ont conduit la zone euro au bord de l'éclatement, et la monnaie unique a failli disparaitre. En 2009, la Grèce a reconnu qu'elle avait caché pendant des années la véritable ampleur de sa dette publique et de son déficit annuel. Cet aveu a déclenché une crise de la dette en Grèce et dans d'autres pays européens à l'économie faible (les pays du PIIGS, c'est à dire le Portugal, l'Irlande, l'Italie, la Grèce et l'Espagne), mais a aussi révélé une faiblesse fondamentale de l'Union monétaire européenne : il est difficile d'avoir une monnaie commune sans unité fiscale et politique.

La Banque centrale européenne

Même si les pays de la zone euro ne possèdent pas de système fiscal et budgétaire unifié, ce qui est la cause principale de la crise de la dette pour la plupart des économistes, ils ont une politique monétaire commune, appliquée par la Banque centrale européenne (BCE).

La BCE est la banque centrale indépendante de l'Union monétaire européenne. Elle a pour mission de préserver la stabilité du cours de l'euro, ce qu'elle fait en maitrisant l'inflation. Quand l'inflation est en hausse dans la zone euro et se maintient au dessus de 2% sur une longue période, la BCE augmente les taux d'intérêt qu'elle facture sur les emprunts accordés aux banques centrales nationales et aux autres banques. Le délai à partir duquel elle intervient est déterminé par la BCE au cas par cas.

Le taux d'intérêt est fixé toutes les six semaines au cours d'une réunion. Après la réunion, la décision est rendue publique, et elle est expliquée par le président de la BCE lors de sa conférence de presse mensuelle. Cette conférence de presse, diffusée en direct sur le site internet de la BCE, ainsi que toutes les déclarations du président, et, dans une moindre mesure, les déclarations des autres membres du conseil général, sont suivies de près par les traders Forex : ils y cherchent des indices sur des décisions politiques qui pourraient avoir un impact profond sur l'euro, à la fois sur le court et sur le long terme.

EUR/USD

La paire de devises EUR/USD est la plus liquide du Forex. Les *currency cross* les plus liquides sont l'EUR/JPY et l'EUR/GBP. L'EUR/USD peut être une excellente paire de devises pour les débutants, parce que ses fluctuations sont plus facilement prévisibles que celles des autres paires de devises majeures (appelées les « *Majors* » en anglais), ce qui est dû en partie à la liquidité élevée de la paire. Les traders de la zone euro ont sans doute l'avantage supplémentaire de mieux connaitre l'euro et les plus grosses économies de la zone euro.

Ce qu'il faut savoir sur l'EUR/USD

Comme pour toutes les paires de devises, la valeur de l'euro par rapport à celle du dollar dépend des relations économiques entre deux entités macro-économiques. Dans ce cas, il s'agit des 19 pays de la zone euro et des Etats-Unis. Les chiffres des économies américaine et européenne ont par conséquent un impact direct sur les fluctuations du cours de l'EUR/USD.

Des facteurs géopolitiques entrent également en jeu, sans doute encore plus que pour les autres paires de devises. L'évolution des politiques étrangères des Etats-Unis et de l'Europe, les luttes de pouvoir internes et la coopération au sein du bloc européen (ou le manque de coopération), peuvent tous influencer l'EUR/USD.

Les indicateurs économiques importants pour l'euro sont :

1. **Le rapport préliminaire concernant les PIB américain et européen.** La croissance économique des Etats-Unis et de la zone euro influe énormément sur le cours de l'EUR/USD, parce que les variations des prix de la paire reflètent la santé économique des deux économies.

2. **Le taux de chômage en Allemagne.** Avec un PIB représentant près de 30% du PIB européen, l'Allemagne est de loin la plus grosse économie de l'UE[16]. Comme le taux de chômage est un indicateur important de la santé d'une économie, il ne faut pas négliger les chiffres du chômage allemand, qui peuvent avoir un impact sur l'EUR/USD.

3. **Les emplois non agricoles.** Il s'agit des chiffres de l'emploi américains, chiffres qui ne prennent pas en compte les emplois agricoles et les postes de fonctionnaires. Comme l'économie américaine est la plus grosse au monde, le taux de chômage des Etats-Unis peut avoir un impact sur presque toutes les paires de devises.

4. **Les chiffres de la production allemande et américaine.** Les chiffres de la production sont un indicateur essentiel de la santé d'une économie. Ils influent donc sur la paire EUR/USD.

5. **L'indice des prix à la consommation (IPC).** Il permet de mesurer l'inflation. La Banque centrale européenne et la Réserve fédérale utilisent toutes les deux cet indice pour savoir s'il est nécessaire de prendre des mesures pour limiter l'inflation.

Les spécificités du trading de l'EUR/USD

Pendant la session de trading européenne, de 8h à 18h GMT, les variations de l'EUR/USD s'inscrivent dans une fourchette d'environ 100 pips. C'est à peu près autant que pour l'USD/JPY, mais beaucoup moins que la fourchette de 150 à 200 pips du GBP/USD. Cela signifie que l'EUR/USD est moins volatile que le GBP/USD (alias « le câble », un surnom qui tire son origine de l'époque où les échanges sur le GBP/USD entre New York et Londres s'effectuaient grâce à un câble sous-marin qui traversait l'océan Atlantique). Comme le câble est plus volatile que d'autres paires de devises, les brokers prélèvent toujours un spread (la différence entre le « bid » et l' « ask », le prix de vente et le prix d'achat) plus élevé sur le GBP/USD que sur l'EUR/USD.

Le cours de l'EUR/USD suit des tendances relativement stables et facilement identifiables : cette paire de devises convient donc bien au « range trading » intra-journalier (qui consiste à jouer sur de petites variations de prix au cours d'une même journée). Les deux premières heures de la session européenne ont tendance à être volatiles, et le cours de la paire de devises prend souvent une

---

16   Le PIB allemand était de 3 874 milliards de dollars en 2014. Celui de la France était de 2 833 milliards de dollars et celui de l'Italie de 2 147 milliards de dollars.

direction contraire à celui qu'il aura pendant le reste de la journée. Pendant la session asiatique, l'EUR/USD est généralement très calme, avec de faibles oscillations de prix. A ce moment-là, il est donc tout à fait judicieux d'opter pour une stratégie de scalping (pour en savoir plus, consultez le chapitre 17).

LE YEN JAPONAIS

Avec un PIB de 4602 milliards de dollars en 2014, l'économie japonaise est la troisième au monde, après les Etats-Unis et la Chine (ou la quatrième, si l'on inclut la zone Europe). Le Japon est réputé pour avoir une économie basée sur l'exportation ; 15% de son PIB provient en effet de ses exportations.

Durant les années 1970 et 1980, l'économie japonaise a connu une croissance spectaculaire, comparable à celle de l'économie chinoise pendant les dix premières années du XXIème siècle. Cette croissance rapide a causé une surchauffe, qui s'est traduite par une hausse des prix et une bulle spéculative. L'éclatement de cette bulle au début des années 1990 a provoqué une crise bancaire et a entraîné l'accumulation d'une énorme dette nationale.

Sur bien des points, le Japon n'a toujours pas surmonté la crise financière des années 1990. Le secteur bancaire est encore relativement faible et la dette nationale n'a pas cessé d'augmenter pendant ces dix dernières années. Mi-2015, elle équivalait à 245% du PIB. Il s'agit, de loin, de la dette publique la plus élevée de toutes les nations industrialisées. Par comparaison, la dette publique des Etats-Unis, qui se monte à 101% du PIB, semble presque modeste.

Le ministère des finances et la Banque du Japon

La mission première de la Banque du Japon (BoJ) est de contrôler la politique monétaire du Japon. Même si la BoJ est indépendant du ministère des finances, celui-ci a tout de même une grande influence sur la politique monétaire et sur les opérations de change. Les déclarations du ministère des finances sont donc tout aussi importantes que celles de la BoJ si l'on veut comprendre et anticiper les fluctuations du cours du yen.

La stagnation de l'économie japonaise qui a suivi la crise bancaire des années 90 a conduit à une politique d'assouplissement monétaire menée par la Banque du Japon. Avoir un yen faible est en effet important pour les exportations, qui constituent une part essentielle de l'économie japonaise. La BoJ et le ministère des finances mènent donc une politique interventionniste sur le Forex, afin d'éviter que le yen ne prenne trop de valeur. Comme le taux d'intérêt pratiqué par la BoJ est extrêmement bas depuis des années (à peine plus de 0%), l'argent est très peu cher pour les banques japonaises.

Les indicateurs économiques les plus importants pour le yen sont :

1. **Le PIB**. Les chiffres de la croissance économique donnent une image fidèle de la santé d'une économie. Ce sont surtout les données préliminaires sur le PIB qui ont un impact sur le Forex, parce qu'elles constituent la première confirmation (ou l'infirmation) d'autres signes économiques secondaires.

2. **La production industrielle**. Les chiffres de la production reflètent généralement l'état de l'économie d'un pays. Dans le cas du Japon, la production industrielle est particulièrement importante, parce que l'économie du pays repose en grande partie sur le commerce international.

3. **L'emploi**. Moins il y a de chômage, mieux se porte l'économie. Non seulement c'est bénéfique pour la consommation intérieure, mais c'est aussi un signe fort que les affaires fonctionnent. Les chiffres du chômage sont publiés tous les mois par *l'Agence de gestion et de communication japonaise.*

La valeur du yen par rapport au dollar est exprimée de la manière suivante : X yens = 1 dollar. Par conséquent, quand le taux de change du yen en dollar est 91,81, cela signifie qu'1 dollar vaut 91,81 yens à un moment donné.

Le saviez-vous ? Le taux de change de l'USD/JPY a atteint des sommets en 2002 avec un cours de 135,15, mais il a beaucoup chuté depuis. Après le tremblement de terre et le tsunami de 2011, l'USD/JPY est tombé à 76,25, le niveau le plus fort pour le yen depuis la fin de la Seconde guerre mondiale. Les responsables de cette situation sont les cambistes, qui se doutaient que les entreprises et les investisseurs japonais rapatrieraient énormément de fonds étrangers, comme cela se produit habituellement au Japon en temps de crise. Une intervention conjointe de la Banque centrale japonaise et d'autres grosses banques centrales a permis d'éviter que le cours du yen ne grimpe encore davantage.

Ce à quoi il faut faire particulièrement attention quand on trade l'USD/JPY

Le yen sert souvent de support aux carry trades. Avec cette stratégie, une monnaie possédant un taux d'intérêt faible est échangée contre une monnaie au taux d'intérêt élevé, afin de profiter de la différences entre les deux taux d'intérêt (pour en savoir plus sur les carry trades, voir le chapitre 21). Comme cela fait dix ans que le taux d'intérêt du yen est proche de 0% et que cela ne changera pas de sitôt, on estime que le yen est une devise au taux d'intérêt faible, idéale pour les carry trades.

Les carry trades gagnent en popularité quand les taux d'intérêt traditionnellement élevés de certaines devises sont sur le point d'augmenter encore, par exemple afin de ralentir l'économie, et/ou pour lutter contre l'inflation. Quand le nombre de carry trades est en hausse, la pression à la baisse sur le yen augmente : en effet, dans un carry trade, le yen est vendu contre une monnaie possédant un rendement plus élevé. Dans un climat économique maussade, cependant, c'est tout le contraire qui se produit : de nombreux carry trades sont clôturés, parce que les pays pratiquant des taux d'intérêt élevés baissent ces taux afin de stimuler l'économie. Ainsi, en temps de détresse économique, une hausse du yen est très probable.

Les paires de devises dont fait partie le yen, dont l'USD/JPY, deviennent plus actives vers la fin de l'année fiscale japonaise (qui se termine le 31 mars). Certaines lois japonaises exigent en effet que les entreprises qui font des affaires à l'étranger rapatrient leurs bénéfices à cette période, en échangeant les devises étrangères contre des yens. Le yen connait donc une hausse temporaire durant cette période. Les traders Forex amplifient ce phénomène en spéculant sur la monnaie japonaise, afin de profiter des effets des rapatriements.

LA LIVRE STERLING

Avec un PIB de 2950 milliards de dollars en 2014, l'économie britannique se classe au cinquième rang mondial. Le Royaume-Uni a refusé de participer à l'euro, tout comme la Suède et le Danemark. Dire « goodbye » à leur livre bien aimée s'est avéré trop difficile pour les Britanniques. Bien entendu, il est toujours possible qu'ils adoptent un jour l'euro. Toutefois, à cause des problèmes dont souffre l'euro depuis 2009 avec la crise de la dette grecque, les Britanniques ont désormais à peu près autant d'enthousiasme pour la monnaie unique que pour une fête sans bière (et les déboires de l'euro leur inspirent aussi, sans doute, une certaine joie malsaine).

La Banque d'Angleterre

La banque centrale britannique, la Bank of England ou Banque d'Angleterre, est un organisme indépendant responsable de la politique monétaire du Royaume-Uni. Sa mission principale est de préserver la stabilité de la livre sterling. La Banque d'Angleterre vise à maintenir l'inflation à un taux compris entre 0,5 et 2%.

GBP/USD

Le GBP/USD est une des paires de devises les plus liquides du Forex. Environ 14% des échanges sur le marché des devises concernent le GBP/USD : il s'agit donc de la deuxième paire la plus traitée après l'EUR/USD.

La valeur de la livre par rapport au dollar est exprimée ainsi : 1 livre sterling = X dollars. Par exemple, si le cours du GBP/USD est de 1,40, cela signifie qu'il faut 1,4 dollar pour acheter une livre sterling.

Cette paire de devises est souvent appelée « le câble » par les traders, un surnom qui vient du temps où New York et Londres s'échangeaient des télégrammes pour définir le taux de change des deux monnaies.

Les éléments qui influencent le « câble »

Le cours du GBP/USD est principalement influencé par la conjoncture économique aux Etats-Unis et au Royaume-Uni. Les données économiques importantes issues de ces deux pays ont par conséquent un impact direct sur le cours de cette paire de devises.

Voici quelques données économiques qui ont des répercussions sur le câble :

1. **La décision de la Réserve Fédérale sur les taux d'intérêt (FED).**
2. **La décision de la Banque d'Angleterre sur les taux d'intérêt.**
3. **Les chiffres de l'emploi britanniques.**
4. **Les chiffres des emplois non agricoles américains.**
5. **Le produit intérieur brut britannique (PIB)**
6. **Le produit intérieur brut des Etats-Unis.**
7. **Le GBP/USD et les autres paires de devises**

Il y a une corrélation positive entre l'EUR/USD et le GBP/USD, et une corrélation négative entre le GBP/USD et l'USD/CHF (dollar américain/franc suisse) : le taux de change de la livre sterling en dollars évolue souvent dans une direction opposée à celle prise par le taux de change du dollar par rapport au franc suisse. Cela s'explique par le fait que les trois monnaies européennes concernées (la livre sterling, l'euro et le franc suisse) sont corrélées positivement entre elles grâce aux liens économiques étroits qu'elles entretiennent.

Les spécificités du trading du GBP/USD

Comme la paire GBP/USD est une des plus volatiles du Forex, elle n'est pas la plus facile à trader. Les fluctuations du cours du GBP/USD se caractérisent par de très nombreux « false breakouts », des mouvements qui n'ont pas assez d'élan pour continuer à progresser dans la même direction (vous en saurez plus dans le chapitre 19), et par des fluctuations aléatoires qui peuvent coûter cher aux traders débutants. Le câble offre en revanche aux traders aguerris l'occasion de réaliser des profits rapides, d'autant plus que les prix de la paire évoluent au sein d'une fourchette relativement large.

Au cours d'une même journée, le GBP/USD fluctue dans une fourchette de 150 à 200 pips. Cela signifie que vous pouvez empocher 150 pips les jours où vous avez pris de bonnes décisions, tandis que vous pouvez limiter vos pertes potentielles à 20 ou 30 pips par trade. Toutefois, déployer une stratégie de trading efficace sur le câble nécessite généralement un capital « tampon » conséquent, à cause du risque accru de trades stoppés par la trop grande volatilité de la paire. Encore une fois, cette paire de devises ne convient pas aux débutants.

Le meilleur moment pour trader le GBP/USD se situe pendant la session européenne, quand les banques de Francfort et Londres ont toutes ouvert leurs portes. C'est pendant cette période que la paire est la plus liquide. Bien entendu, selon la stratégie de trading utilisée ou la personnalité du trader, il peut être préférable de trader le GBP/USD à un moment plus calme. Pendant la session asiatique, par exemple, la fourchette de prix du câble est généralement assez réduite, ce qui est idéal pour les traders adeptes du scalping (une stratégie présentée dans le chapitre 17).

CHAPITRE 10 L'ANALYSE FONDAMENTALE

L'analyse fondamentale consiste à prendre en compte tous les facteurs qui influencent l'économie, comme les capacités de production, la confiance des consommateurs, les données relatives à l'emploi, etc. Ce type d'analyse peut aider à comprendre les évolutions passées des prix et à anticiper les fluctuations à venir.

Même si l'actualité financière est capitale pour l'analyse fondamentale, celle-ci ne consiste pas uniquement à la suivre de près. L'analyste fondamental ne se base pas forcément sur les nouvelles de la journée. Son but est plutôt de tirer des conclusions sur la direction que prendra le cours d'une devise sur le moyen ou le long terme. Ensuite, il ouvre des positions sur le marché des changes à partir de ses constatations.

L'analyse fondamentale est importante pour presque tous les traders, même si, aujourd'hui, la plupart d'entre eux préfèrent l'analyse technique. Si ce genre d'analyse reste pertinente, c'est parce que la valeur de chaque devise est basée sur le contexte économique de la région qui l'utilise. La conjoncture économique a donc un impact sur la valeur d'une monnaie. Lorsque vous tradez des devises, il faut tenir compte du contexte économique.

Un des défauts de l'analyse fondamentale est le fait qu'elle ne prend pas vraiment en compte le sentiment des marchés. Ainsi, un cambiste dont la stratégie est uniquement fondée sur l'analyse fondamentale constatera régulièrement que les prix semblent fluctuer dans la direction inverse à celle suggérée par les données économiques.

Un trader adepte de l'analyse technique qui ne se soucie pas des informations financières rencontrera le même type de problème. Le cours des paires de devises peut devenir extrêmement volatile juste avant et juste après la publication de chiffres économiques importants, et les indicateurs techniques ne sont pas capables de prévoir ce type de variations.

Les traders qui réussissent le mieux sur le Forex sont donc ceux qui utilisent à la fois l'analyse fondamentale et l'analyse technique. Bruce Kovner, un trader devenu milliardaire, a fait une comparaison très pertinente. Lorsqu'on lui demandait s'il préférait l'analyse technique ou fondamentale, il répondait : « C'est comme de demander à un médecin s'il préfère traiter un patient en établissant un diagnostic ou en surveillant son état avec un graphique. Il faut faire les deux »[17].

---

17   Bruce Kovner, un gestionnaire de fonds spéculatif à la tête d'une fortune estimée à 4,5 milliards de dollars en 2011, dans une interview avec Jack D. Schwager pour son livre Les Magiciens des marchés

POURQUOI L'ACTUALITÉ FINANCIÈRE EST IMPORTANTE

Les indicateurs économiques donnent toutes sortes d'indices sur la santé de l'économie d'un pays et sur les besoins des entreprises locales et internationales qui exercent leur activité dans ce pays. La banque centrale a baissé son taux d'intérêt ? Cela signifie qu'emprunter et investir coûtera moins d'argent. Le marché des capitaux s'élargira, ce qui a généralement pour effet d'affaiblir la monnaie par rapport aux autres devises.

Ce sont les gouvernements et les multinationales qui « font » l'actualité financière. Les nouvelles ont à la fois une valeur réelle et une valeur spéculative. La valeur réelle est déterminée par les actions et les réactions des entreprises et des gouvernements, et la valeur spéculative par les traders.

Les traders, petits et grands, réagissent à l'actualité financière parce que

Elle permet de savoir comment les multinationales (et les entreprises de plus petite taille) se sont comportées pendant la période qui vient de s'écouler et comment elles se comporteront dans un avenir proche. Elles peuvent, par exemple, réduire leur activité économique dans un pays donné, et avoir moins besoin, par conséquent, de se protéger contre les fluctuations de prix de la monnaie de ce pays. *Exemple* : le PIB d'un pays est en nette progression par rapport à ceux des autres pays ? La monnaie de ce pays sera très certainement plus recherchée. Après tout, les entreprises aiment investir dans un pays où les choses vont bien. Dans ce cas, la valeur de sa devise par rapport aux autres sera sans doute en hausse.

Elle en dit long sur les décisions que prendra probablement le gouvernement d'un pays dans l'avenir. *Exemple* : l'inflation est en hausse de 5% dans la zone euro ? Il y a des chances que la Banque centrale européenne, la BCE, augmente son taux d'intérêt, ce qui aura pour effet de resserrer le marché monétaire, et, espérons-le, de faire chuter l'inflation. Il est fort probable, dans ce cas, que le cours de l'euro soit en hausse.

D'autres traders, petits et grands, réagiront eux **aussi** à ces nouvelles. C'est sans doute la raison principale pour laquelle les traders sont influencés par l'actualité financière : ils s'attendent à ce que les autres traders y réagissent.

PRATIQUER L'ANALYSE FONDAMENTALE

Le marché des devises est dynamique et transparent. L'actualité a bien souvent un impact direct sur les prix, qu'il s'agisse de l'actualité générale ou de l'actualité spéculative, qui est au moins aussi importante.

Comme le dit le vieil adage des marchés financiers, « buy on the rumor, sell on the news », c'est-à-dire, en français, « il faut acheter quand la rumeur se répand, et vendre quand les nouvelles tombent ». En d'autres termes, une rumeur concernant un évènement à venir suffit souvent à provoquer une hausse ou une baisse des prix. Ceci est en fait tellement vrai qu'au moment où l'évènement se produit réellement, il a déjà été pris en compte dans le cours des actifs : son effet, qu'il soit positif ou négatif, se reflète dans les prix. Souvent, les faits entrainent un mouvement contraire à celui provoqué par la rumeur, parce qu'ils ne correspondent ni à la prise de bénéfices attendue, ni aux attentes.

Les conséquences des déclarations des membres des conseils d'administration de banques centrales importantes comme la BCE, la Fed et la Banque d'Angleterre, illustrent parfaitement ce phénomène. Chaque mot prononcé par le président de la Réserve Fédérale (la banque centrale américaine) est décortiqué et analysé. Le président en est conscient, bien entendu, et il les choisit donc avec le plus grand soin. Au fil des ans, tout un dictionnaire de termes et d'expressions spécifiques s'est construit, ce qui permet au président d'envoyer des signaux sans en dire beaucoup. Par exemple, quand il déclare que « *les indicateurs économiques révèlent que la hausse de l'inflation sera plus importante et plus longue que prévue* », il y a de fortes chances pour que la banque centrale américaine augmente son taux d'intérêt peu de temps après. En attendant que la hausse du taux ne soit officialisée, les traders vont commencer à ouvrir davantage de positions longues sur le dollar, qui va ainsi augmenter : la hausse du taux d'intérêt se reflète dans les prix bien avant que la Fed n'annonce sa décision.

Par conséquent, lorsque que vous vous attendez à ce qu'une paire de devises réagisse à l'officialisation d'un évènement économique, essayez tout d'abord de savoir si la réaction n'a pas déjà eu lieu suite aux rumeurs qui ont précédé cette annonce. Par ailleurs, lorsqu'une nouvelle rumeur circule et que vous pensez qu'elle est fiable, cela vaut très certainement le coup d'ouvrir une position en vous basant sur celle-ci. Au fur et à mesure que de plus en plus de traders remarquent la rumeur et ouvrent des positions similaires, le trade évoluera dans la direction que vous souhaitez. Cela vous permettra de le clôturer avant que la rumeur ne soit officialisée et d'empocher une jolie somme.

Il est important de réfléchir aux positions que vous voulez ouvrir, et aux raisons pour lesquelles vous souhaitez les ouvrir. Est-ce parce que plusieurs sites internet prédisent une hausse temporaire du dollar américain ? Ou parce que les médias spéculent sur d'importantes nouvelles macroéconomiques venues du Japon ? Ou parce que la Banque centrale européenne est sur le point de prendre une décision sur son taux d'intérêt ? Au début, suivre de près l'actualité peut sembler difficile, mais, au bout d'un moment, cela deviendra naturel et vous serez en mesure d'évaluer l'importance et l'impact possible des différents évènements sur le Forex. Vous pourrez alors utiliser ces informations à votre avantage lorsque vous traderez.

En résumé, pratiquer l'analyse fondamentale signifie récolter des informations à partir de plusieurs sources différentes et fiables, en déduire la direction que prendra une paire de devises, étudier un graphique en chandeliers pour voir comment cette paire a évolué dans le passé et, enfin, ouvrir une position (sans oublier de limiter les risques à l'avance).

Prenons un exemple. Imaginons que sur la page d'accueil de fxnews247.com s'affiche le gros titre : « Pression sur l'euro suite aux rumeurs de la fin du soutien allemand à la Grèce ». Lisez l'article et décidez si la rumeur est fondée sur des arguments solides. Ensuite, consultez d'autres médias financiers comme Bloomberg ou Reuters pour voir s'ils confirment la nouvelle. Si oui, c'est le moment de jeter un œil sur les graphiques (en chandeliers) de l'EUR/USD, en choisissant une période qui correspond à votre stratégie (si vous êtes un day trader par exemple, un graphique hebdomadaire ne vous sera pas très utile, contrairement aux graphiques en mode journalier, horaire ou 15 minutes). Imaginons que vous constatez que l'EUR/USD a baissé au cours des deux jours qui viennent de s'écouler ; cette baisse semble-t-elle faire partie d'une tendance bien établie ? Ou l'EUR/USD a-t-il commencé à baisser seulement après qu'aient été rendues publiques de mauvaises nouvelles sur la crise grecque, après plusieurs semaines de relative accalmie ? Et comment la paire de devises a-t-elle évolué au cours des dernières heures ? Si elle semble avoir été influencée par la rumeur, il est sans doute judicieux d'ouvrir une position et de surfer sur la vague.

Assurez-vous de toujours mettre un stop loss en place, afin de limiter vos pertes si le mouvement de la paire dans la direction que vous souhaitez est de courte durée.

Il est capital de ne pas changer d'avis une fois que vous avez déterminé un bon stop loss et un objectif de rentabilité. Ne vous mettez pas à douter après avoir ouvert une position. Vous avez fait de votre mieux pour mettre ce trade en place, ayez un peu confiance en vous. De nombreux traders accumulent les pertes en déplaçant leur stop loss au moment où il semble que leur trade va être arrêté, en espérant que les choses évoluent en leur faveur (malheureusement, l'espoir suffit rarement pour réussir). Ou alors, ils ferment leurs positions trop tôt, avant d'atteindre leur objectif de rentabilité, réduisant ainsi leurs bénéfices par peur que la situation empire. Ne tombez pas dans le piège tendu par ces craintes et ces espoirs irrationnels, et soyez inflexible.

VOICI LES QUATRE FACTEURS QUI INFLUENCENT LE MARCHÉ DES DEVISES :
1. La croissance économique
2. Les taux d'intérêt

3. La balance commerciale
4. La stabilité politique

La croissance économique

La force d'une devise est déterminée avant tout par l'état de l'économie du pays dans lequel elle circule. De même que les rapports trimestriels et annuels d'une entreprise en disent long sur sa situation financière, les données économiques d'un pays révèlent beaucoup de choses sur son état de santé économique.

Les données importantes sur la croissance économique sont :

Le produit intérieur brut (PIB). Il s'agit en fait de rapports trimestriels sur la croissance économique, généralement publiés un mois avant la fin de chaque trimestre.

Les données de l'emploi. La plupart des pays développés rendent publics leurs chiffres de l'emploi, mais les données les plus importantes sont les fameux « emplois non agricoles » des Etats-Unis, qui sont publiés par le Bureau of Labor Statistics. Ses rapports indiquent combien d'emplois ont été créés ou supprimés aux Etats-Unis, sans prendre en compte les emplois agricoles et les postes de fonctionnaires.

Les dépenses des consommateurs. La consommation intérieure constitue le plus gros secteur de nombreuses économies. Aux Etats-Unis, par exemple, elle représente 70% du PIB.

La confiance des consommateurs. Quand les gens n'ont plus confiance en leur avenir économique, ils dépensent moins et économisent plus, en prévision des moments difficiles. Une baisse de la confiance des consommateurs entraine une consommation plus faible.

Les chiffres de la production. Quand les entreprises produisent plus, elles embauchent davantage d'employés et investissent dans de nouvelles machines, ce qui, à son tour, donne plus de travail aux entreprises qui fabriquent ces machines, qui se mettent à embaucher davantage, et ainsi de suite. En bref, lorsque les chiffres de la production sont en hausse, la croissance économique aussi.

Les taux d'intérêt

Quiconque a suivi des cours d'économie au lycée sait que l'économie est soumise à des tendances cycliques et que sa croissance subit, au fil du temps, des hausses et des baisses. Les hauts et les bas de ces tendances changent plus souvent sur le court que sur le long terme (sur une période de cinquante ans, par exemple).

Dans cette optique, deux des tâches les plus importantes d'un Etat, en matière de macro-économie, est de stimuler la croissance du PIB et de maitriser les mouvements cycliques de l'économie afin d'éviter des hauts et des bas excessifs.

Le premier point fait sens. Plus le produit intérieur brut augmente, plus un pays est riche et plus ses citoyens sont prospères (la plupart du temps, en tout cas).

Le deuxième point est tout aussi logique, même si ce n'est peut-être pas évident à première vue. Bien évidemment, il faut neutraliser les bas, car personne n'aime les récessions et les dépressions économiques. Toutefois, quel problème peut bien poser une économie hautement performante, avec des entreprises très efficaces, des emplois pour tout le monde et plus encore ? Et bien, cela a à voir avec le vieux dicton qui dit que « *tout ce qui monte doit redescendre* ». C'est très bien si l'économie d'un pays est fleurissante, mais si on ne maitrise pas sa croissance, cela mène à une surchauffe accompagnée de bulles immobilières, d'une inflation élevée, de salaires en hausse, d'un marché de l'emploi très tendu et d'un marché monétaire en perpétuelle expansion, parce que tout le monde veut investir dans une économie prospère.

Jusqu'à ce que... tout soit bouleversé[18]. Le sentiment du marché change, les entreprises subissent les conséquences d'une énorme surproduction, les licenciements deviennent inévitables, le nombre de demandes d'allocations chômage explose, les dépenses publiques augmentent alors que les recettes fiscales baissent, créant un déficit budgétaire important, le marché monétaire se resserre, les investissements chutent et l'économie pique du nez.

Comme personne n'a envie de se retrouver dans cette situation, les gouvernements essaient généralement de dompter les excès des mouvements cycliques de l'économie pour avoir des hauts plus bas et des bas plus hauts. Ceci s'effectue notamment en maintenant la stabilité des prix. Traditionnellement, c'est le rôle des banques centrales. Une banque centrale peut, entre autres, augmenter ou diminuer le capital disponible en ajustant le taux d'intérêt qu'il facture aux banques commerciales. Par exemple, quand emprunter de l'argent devient plus cher pour les banques commerciales, emprunter de l'argent aux banques pour investir est également plus coûteux pour les entreprises : ainsi, l'économie ralentit. A l'inverse, quand les emprunts deviennent meilleur marché, les investissements se multiplient.

N'oubliez pas : quand le taux d'intérêt augmente, le marché monétaire se resserre (parce qu'emprunter est plus cher) et la valeur de la monnaie subit une hausse. Quand le taux d'intérêt baisse, le marché monétaire se développe et la

---

18   La surchauffe de l'économie japonaise dans la deuxième partie des années 1980 est un bon exemple. Elle a été suivie par le crash de la Bourse de Tokyo au début des années 1990 et de l'éclatement de la bulle immobilière. Durant les années qui ont suivi, l'économie japonaise a connu une croissance de 1,5% par an seulement. La période comprise entre 1990 et 2000 est connue au Japon sous le terme de décennie perdue.

valeur de la devise baisse généralement.

La politique des banques centrales a été un des principaux éléments moteurs du Forex ces dernières années. Il y a de nombreux exemples, certains tristement célèbres, de banques centrales qui ont essayé d'influencer le marché des changes en abaissant le taux d'intérêt ou en intervenant directement sur le Forex en achetant ou en vendant des devises. La Banque du Japon, en particulier, est connue pour ses interventions sur le Forex, échangeant d'énormes quantités de devises pour influencer (c'est-à-dire pour faire baisser) le cours du yen.

Les deux augmentations du taux d'intérêt décidées par la Banque centrale européenne mi-2011 constituent un autre exemple notable d'une politique visant à influencer le Forex. L'EUR/USD a connu une hausse de 700 pips après que Jean-Claude Trichet, qui était alors le président de la BCE, a insinué qu'il augmenterait les taux d'intérêt si l'inflation restait au dessus de la barre des 2%. Lorsqu'il a pris ses fonctions quelques mois plus tard, Mario Draghi, le successeur de Trichet, a immédiatement abaissé le taux d'intérêt à son précédent niveau. De nombreux économistes étaient d'accord avec Draghi et pensaient que Trichet avait trop mis l'accent sur l'inflation, négligeant par là la détérioration rapide de l'économie européenne, qui, pour rebondir, avait besoin de plus de liquidités (c'est-à-dire d'argent moins cher, et donc de taux d'intérêt plus bas).

Ce ne sont pas uniquement les décisions sur les taux d'intérêt de la Réserve fédérale, de la Banque d'Angleterre, de la Banque du Japon et de la BCE qui comptent, mais aussi les déclarations des administrateurs des banques centrales, et tout particulièrement des directeurs et présidents : on scrute leurs discours et leurs conférences de presse pour y trouver des indices sur leurs futures décisions. Cela ne signifie pas que vous devez brandir un micro devant le nez des administrateurs de la Réserve fédérale ou examiner tous leurs discours mot à mot. Assurez-vous toutefois de garder un œil sur les médias financiers et de guetter les déclarations des directeurs et administrateurs des banques centrales.

La balance commerciale

Imaginons que les Etats-Unis importent pour 100 milliards de dollars de biens depuis la zone euro de plus qu'ils n'en exportent. Pour importer ces biens, les Américains ont besoin d'euros. Dans les faits, ils auront besoin d'acheter pour 100 milliards de dollars d'euros. Le déficit commercial américain provoquera ainsi une hausse de l'euro par rapport au dollar.

Bien entendu, la réalité est plus complexe que cela (pensez, par exemple, aux exportations faites par certaines entreprises américaines depuis la zone euro vers les Etats-Unis). Cependant, il est important de comprendre que la valeur d'une devise peut baisser quand la balance commerciale se dégrade.

Ainsi, lorsque la balance commerciale américaine diminue de 3% malgré le fait qu'une baisse de 2% seulement ait été annoncée, il y a de fortes chances que le cours du dollar connaisse une baisse.

La stabilité politique

Le Forex est influencé par la politique bien plus que ne le sont les marchés boursiers. C'est normal, parce qu'on y mise sur l'économie toute entière d'un pays, et non sur des entreprises. L'instabilité politique d'une nation peut donc porter atteinte à sa croissance économique et affaiblir sa devise.

Prenons l'exemple de la crise européenne. Une partie du déclin de la valeur de l'euro a été causée par les querelles incessantes des chefs d'Etat européens sur la meilleure façon de résoudre la crise de l'euro qui a commencé par toucher la Grèce, l'Irlande et le Portugal avant d'atteindre l'Italie, l'Espagne, puis le reste de la zone euro.

Note

Même si vous trouverez sans doute l'analyse technique (qui est l'objet du chapitre suivant) plus utile que l'analyse fondamentale, il est judicieux de garder un œil sur ces quatre thèmes fondamentaux. Les données de l'emploi, la croissance économique, les importants évènements législatifs et politiques (comme, par exemple, le désaccord au sein du Congrès américain sur la question du plafond d'endettement qui, en 2011, a suscité une vive inquiétude dans les marchés financiers) et les décisions sur les taux d'intérêt peuvent tous avoir un impact direct sur une paire de devises, quoi qu'en disent les indicateurs techniques.

CHAPITRE 11 L'ANALYSE TECHNIQUE

L'analyse technique est l'étude des fluctuations des prix dans le passé, dans le but d'anticiper les mouvements de prix futurs. Les stratégies de trading les plus efficaces sont souvent basées sur l'analyse technique.

En plus des graphiques, les analystes techniques ont recours à ce que l'on appelle les *indicateurs techniques*. Il s'agit de formules mathématiques qui se focalisent sur un aspect spécifique des mouvements comme, par exemple, le prix actuel d'une devise comparé à son prix moyen sur les cent dernières périodes.

Autrefois, les traders calculaient à la main les indicateurs techniques, qui n'étaient utilisés que par les professionnels du trading. Aujourd'hui, les indicateurs sont bon marché et facilement accessibles aux millions d'amateurs qui tradent sur le Forex avec l'internet haut débit. Ils sont même disponibles sur les plateformes de trading gratuites des courtiers Forex. Grâce à tout cela, les indicateurs techniques ont pris beaucoup d'importance. Toutefois, comme de plus en plus de traders les utilisent, en les suivant parfois aveuglément, les signaux techniques sont quelque part devenus une prophétie autoréalisatrice.

Il est donc importer de réaliser que, au bout du compte, les cours des devises ne sont pas faits par l'actualité, les indicateurs techniques ou par les politiques gouvernementales. Les fluctuations des cours sont le résultat des actions et des réactions de tous ceux qui participent au Forex. Prenez conscience de cela, et la bataille sera à moitié gagnée.

REPRÉSENTER ET ÉVALUER LES FLUCTUATIONS DES COURS

Les analystes techniques étudient les mouvements passés des prix et, à partir de là, essaient de prédire la façon dont ils évolueront dans le futur. En effet, même si elles peuvent sembler incompréhensibles et arbitraires, les fluctuations des prix suivent, la plupart du temps, des motifs reconnaissables.

On peut voir certains de ces motifs en plaçant tout simplement les cours de clôture journaliers sur les axes x et y d'un graphique. Si, par exemple, vous notez tous les cours de clôture de l'EUR/USD de cette manière (bien entendu, le Forex ne ferme jamais réellement pendant la semaine, et il faudrait donc choisir une heure donnée) et observez le mouvement de la paire sur plusieurs mois, vous repèrerez certainement des motifs récurrents. Mais au lieu de vous appliquer à noter soigneusement les prix, vous pouvez tout simplement consulter les graphiques générés de façon automatique sur votre plateforme de trading et étudier les fluctuations de l'EUR/USD sans faire le sale boulot vous-même.

Regardez le graphique ci-dessous. Il représente les mouvements du cours de l'EUR/USD entre 2006 et juin 2008 (chaque bougie correspond à un mois). Pas besoin d'être Sherlock Holmes pour y repérer une nette tendance à la hausse (« *vraiment* élémentaire, mon cher Watson »). Puisque les retournements de tendance sont généralement rares sur le long terme, il aurait été naturel, en 2007 et en 2008, de suivre la tendance en ouvrant une position longue sur l'EUR/USD (c'est-à-dire en achetant des euros et en vendant des dollars). Bien entendu, les choses sont en réalité plus compliquées, mais cet exemple vous montre comment on peut tirer de précieuses informations sur une paire de devises par la simple observation d'un graphique.

3. EUR/USD 2006/2008

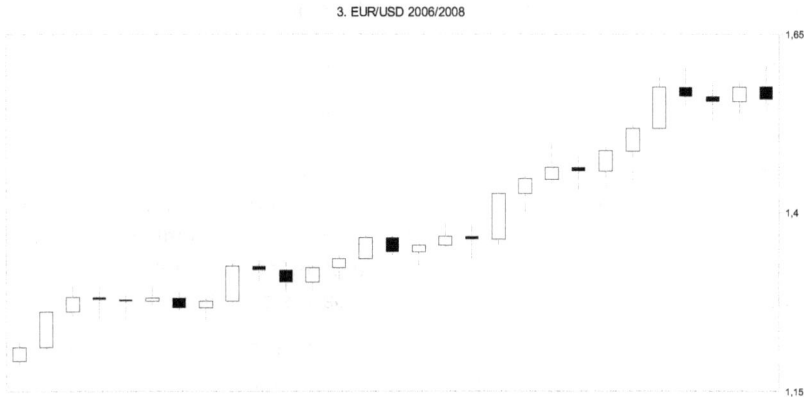

DIFFÉRENTES FAÇONS D'ÉTUDIER L'ÉVOLUTION DES COURS

Il y a, en gros, trois façons d'étudier les fluctuations des prix :

1. L'évolution du prix au fil du temps
2. L'évolution de l'évolution du prix au fil du temps
3. L'évolution du prix sur différentes périodes

L'évolution du prix au fil du temps

Il s'agit tout simplement de noter les prix sur une période donnée.

L'évolution de l'évolution du prix au fil du temps

Les indicateurs dits « dérivés » font partie des indicateurs techniques les plus efficaces et les plus populaires. Ils s'intéressent à l'évolution de l'évolution des cours. Leur popularité s'explique par le fait qu'ils éliminent facilement les « faux » mouvements (ou plutôt les fluctuations éphémères) et donnent aux traders une idée précise de ce qui se passe sur le marché.

L'évolution du prix sur différentes périodes

La façon dont le cours d'une paire de devises a évolué au cours des 60 dernières minutes peut être complètement différente de la façon dont il s'est comporté sur les 24 heures ou les 30 jours qui viennent de s'écouler. Les analystes techniques ont ainsi tendance à prendre en compte plusieurs périodes différentes selon leur horizon de trading (intra-journalier, journalier, hebdomadaire). Un trader intra-journalier peut choisir d'étudier les graphiques sur 15 minutes, 4 heures et une journée afin de comprendre l'évolution des prix et de déterminer les meilleurs points d'entrée et de sortie pour faire un trade.

LES GRAPHIQUES EN CHANDELIERS JAPONAIS

L'analyse technique et les graphiques en chandeliers sont tout aussi inséparables que le beurre et la confiture, Laurel et Hardy, les petits pois et les carottes, Spock et Kirk, etc... vous voyez ce que je veux dire. Même si la plupart des brokers vous permettent de visualiser les paires de devises sur des graphiques en lignes et en barres, la vaste majorité des traders utilisent uniquement des graphiques en chandeliers. Ceux-ci contiennent tout simplement plus d'informations, et ils sont plus faciles à lire que les graphiques en barres et en lignes.

Même si les graphiques en chandeliers japonais sont aujourd'hui la façon la plus populaire de noter l'évolution des prix, ils ne datent pas d'hier. Le graphique en chandeliers a été inventé au XVIIème siècle par un vendeur de riz, ou, tout du moins, c'est ce que raconte la légende. Ce qui est fabuleux avec les graphiques en chandeliers, c'est qu'ils rendent parfaitement compte de toutes les oscillations de prix d'une paire de devises sur une période donnée : quel a été son prix le plus haut, son prix le plus bas ou son prix de clôture, quelle a été l'amplitude des variations, et si le cours de la paire était en train d'augmenter au moment de la fermeture ou si son élan venait d'être stoppé. Comme les chandeliers sont de deux couleurs différentes, une pour les prix en baisse et une pour les prix en hausse, on peut aussi voir l'évolution du prix sur plusieurs périodes.

Il existe toutes sortes de bougies et de motifs de bougies, comme le *doji*, le *doji à longues jambes*, le *doji pierre tombale*, le *harami*, le *marteau*, le *nuage noir*, les *trois corbeaux noirs*, les *trois soldats blancs*, etc. Si vous voulez en savoir plus sur les motifs des chandeliers, je vous suggère de lire le livre de Greg Morris[19], *Candlestick Charting Explained* (en anglais).

---

19   Les Chandeliers japonais : Un guide contemporain sur d'anciennes techniques d'investissement venues d'Extrême-Orient de Steve Nilson est un autre fameux livre sur les graphiques en chandeliers.

Quelques exemples de chandeliers et de motifs de chandeliers

Le doji

Il s'agit d'une bougie sans corps. Le doji indique que le marché était dans un état d'indécision. Les prix ont subi des variations, comme le montrent ce qu'on appelle les *ombres*, c'est-à-dire les extrémités qui correspondent aux prix les plus hauts et les plus bas atteints pendant la période représentée par la bougie, mais le cours de fermeture est à peu près identique au cours d'ouverture. Il n'y a donc pas eu beaucoup de variation.

Les trois soldats blancs

On parle de « trois soldats blancs » quand trois bougies vertes se succèdent. Cela signifie qu'il y a une forte tendance à la hausse et qu'il y a de grandes chances qu'elle se poursuive. En général, plus une tendance dure depuis longtemps, plus il y a de chances qu'elle continue. Bien entendu, cette règle de base n'est pas valable dans tous les cas de figure, mais gardez la à l'esprit quand vous étudiez une tendance.

Le marteau

C'est une bougie dotée d'un petit corps et d'une grosse ombre. Quand elle apparait dans une tendance à la baisse, elle indique un renversement. Cela signifie que la tendance va changer de sens pour une raison très simple : le prix était en baisse, mais à un moment donné au cours de la période représentée par la bougie, il a commencé à évoluer dans la direction opposée. Apparemment, la baisse du prix n'était pas durable, et le cours a augmenté. A la fin de la période, la baisse a presque entièrement été neutralisée. A l'inverse, quand cette bougie intervient dans une tendance à la hausse, il y a un risque accru que le prix baisse dans un futur très proche. On appelle cette bougie « *le pendu* ».

Le *marteau inversé* est un marteau retourné sur sa tête qui suit une série de bougies rouges. Il indique que le prix, après avoir été en baisse pendant plusieurs périodes, a tenté de remonter pendant la période correspondant au marteau inversé, mais n'a apparemment pas eu assez d'élan. Il y a des chances que le cours essaie à nouveau de remonter pendant la période qui suit.

Chapitre 12 Les figures graphiques

Les analystes techniques et fondamentaux sont au moins d'accord sur un point : les évolutions des prix ne sont pas entièrement arbitraires. Si elles l'étaient, étudier l'actualité, les graphiques et les indicateurs techniques n'aurait aucun sens.

Si on peut aujourd'hui laisser les indicateurs techniques faire tout le travail, les traders les plus efficaces sont ceux qui ont appris à reconnaitre certains motifs par eux-mêmes.

En étudiant les graphiques, non seulement vous pourrez mieux observer l'évolution normale d'une paire de devises donnée, mais vous pourrez également mieux la comprendre. Comme Cipher dit à Neo dans *Matrix*, alors que des lignes de code vertes défilent sur l'écran, « *je ne vois plus le code, tout ce que je vois, c'est des blondes, des brunes et des rousses* ».

7. EUR/USD Décembre 2009- mars 2010

Jeter un simple coup d'œil sur un graphique Forex pris au hasard révèle une mine d'informations. Regardons, par exemple, le graphique en chandeliers qui retrace le cours de l'EUR/USD de décembre 2009 à mars 2010 (chaque bougie correspond à une semaine). Il n'est pas difficile de comprendre que le prix de cette paire de devises a considérablement chuté pendant les premiers mois de 2010. Bien entendu, le graphique ne vous explique pas les raisons de cette baisse, mais il vous montre bien son évolution.

Les fluctuations d'une paire de devises sont causées par les activités humaines. Les traders, les fonds de couverture, les multinationales, les gouvernements et les banques ouvrent tous des positions sur le Forex, et le total de ces opérations détermine la direction prise par le cours d'une paire de devises. Même si les actions des hommes sont en partie ambigües, dictées par l'émotion et exagérées, elles ne sont pas aléatoires. Sur le long terme, les interventions humaines sur le Forex sont rationnelles, parce que tout le monde essaie de gagner ou d'économiser de l'argent en ouvrant des positions sur le marché des changes.

Si l'évolution d'une paire de devises n'est pas aléatoire, cela signifie qu'elle doit suivre des schémas qui reflètent essentiellement les comportements humains, traduits sous forme de prix sur un graphique. Le *double top/double bottom* en est un exemple typique. Dans le cas d'une figure en « double top », le prix atteint un sommet, puis retombe. Un peu plus tard, il remonte à nouveau pour se hisser au même niveau avant de chuter. Ceci s'explique par le fait que les acheteurs (ou les « bulls ») ne s'intéressent plus au produit, créant ainsi un marché vendeur (ou « bear »).

EPAULE-TÊTE-ÉPAULE

Cette figure est souvent le signe avant-coureur d'un trade rentable. Elle est habituellement clairement visible, et est considérée comme un signe fiable. La figure épaule-tête-épaule est une *figure de renversement*, parce qu'elle indique souvent qu'une tendance est sur le point de se terminer et que le cours de l'actif va évoluer dans la direction opposée.

La figure épaule-tête-épaule est composée de quatre parties : deux épaules, une tête et une ligne de cou. On dit que la figure est confirmée une fois que la cassure de la ligne de cou apparait. Les traders qui repèrent une figure épaule-tête-épaule placent généralement leur ordre juste au dessous du cou, une fois que la figure est confirmée.

8. Epaule-tête-épaule EUR/USD Novembre 2006

Pas besoin d'avoir beaucoup d'imagination pour distinguer dans la figure épaule-tête-épaule la représentation graphique d'un point culminant temporaire dans l'éternelle bataille entre bulls et bears. Tout d'abord, les bulls, c'est-à-dire les acheteurs, atteignent un nouveau sommet (la première épaule). Malheureusement pour eux, ils ne parviennent pas à maintenir cette hausse, et le prix chute. Au bout d'un moment, ils essaient à nouveau et arrivent à créer un nouveau sommet, encore plus haut (la tête).

Cependant, les prix baissent encore, jusqu'à atteindre la *ligne de cou* (la ligne horizontale sur le graphique). Les bulls font une nouvelle fois augmenter le cours de l'actif, mais celui-ci n'arrive pas à dépasser le premier pic, créant ainsi la deuxième épaule. C'est le signe d'une faiblesse majeure, puisque cela montre que le nouvel élan avait moins de force que le précédent.

La figure épaule-tête-épaule inversé existe également. Le graphique ci-dessous illustre ce phénomène.

9. Figure épaule-tête-épaule inversé

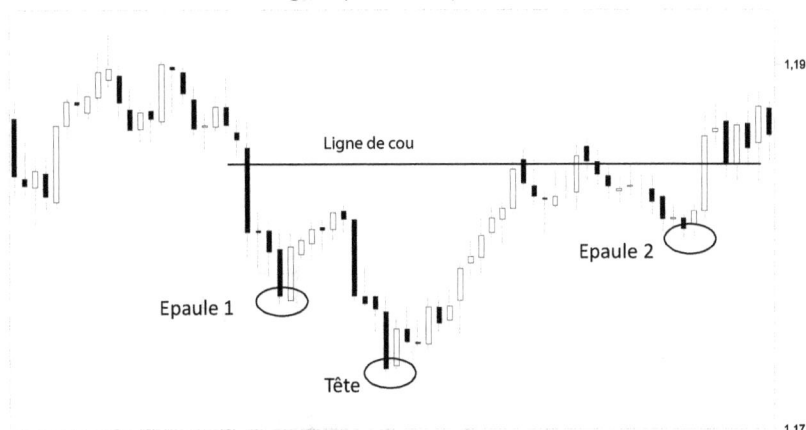

Ligne de cou

1,19

Epaule 2

Epaule 1

Tête

1,17

DOUBLE TOP / DOUBLE BOTTOM

Cette figure est également facile à identifier. Dans le cas du double top, le prix essaie de suivre une tendance haussière. Mais, après avoir chuté à deux reprises, les bulls perdent courage et les prix retombent comme un soufflé raté. La figure double bottom fonctionne selon le même principe, sauf que les choses sont inversées.

Durant la première phase d'un double top, le prix se hisse à un nouveau sommet. Toutefois, il s'avère que ce sommet est difficile à dépasser, et le prix retombe.

Pendant la deuxième phase, le prix augmente à nouveau pour atteindre le sommet qu'il a été forcé d'abandonner. Mais, comme la fois précédente, il n'y parvient pas et le prix chute encore. Gardez à l'esprit le fait que le prix ne doit pas nécessairement atteindre le sommet une seconde fois, du moment qu'il y arrive presque.

Le second échec est plus grave que le premier, parce qu'il corrobore les signes qui indiquent que la résistance est difficile à dépasser. En règle générale, la résistance et le soutien, c'est-à-dire les hauts et les bas, deviennent de plus en plus forts à chaque fois qu'ils résistent à une nouvelle attaque.

Il est important de ne pas se lancer trop rapidement quand on repère une figure en double top ou en double bottom. N'ouvrez votre position qu'une fois que le prix a attaqué le niveau de soutien. Mieux vaut attendre parce qu'il se peut que le prix fluctue entre la ligne de cou et le sommet pendant un moment avant que la rupture ne se produise réellement.

11. Double bottom GBP/USD sept/oct 2006

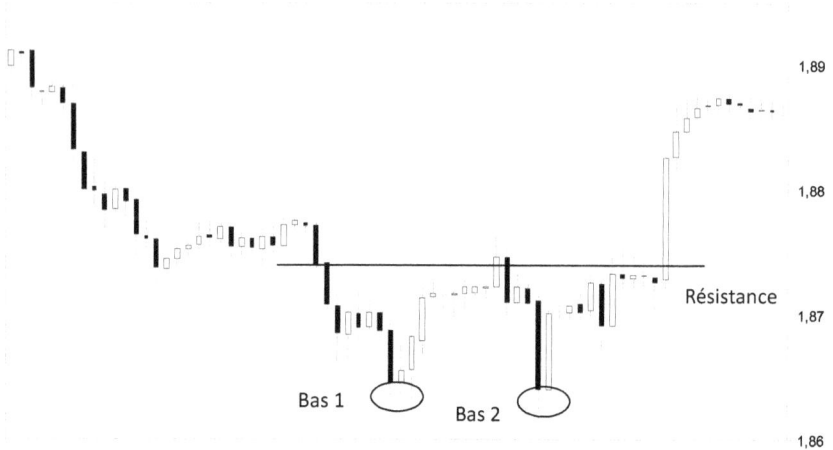

LA FIGURE EN TRIANGLE

C'est une des figures les plus intéressantes. Il y a principalement trois types de figures en triangle :

1. Le triangle symétrique
2. Le triangle ascendant
3. Le triangle descendant

Le triangle symétrique

Quand un triangle symétrique apparait, ni les bulls ni les bears n'arrivent à contrôler le marché. Il en résulte des sommets de moins en moins élevés et des baisses de moins en moins fortes, et l'amplitude des fluctuations du cours se réduit.

Examinons le graphique qui suit. Le marché produit de façon constante des sommets plus bas et des creux moins profonds. Les hauts et les bas se rapprochent les uns des autres jusqu'à ce que la variation devienne imperceptible. Ce genre de triangle symétrique (appelé « figure en fanion ») peut souvent conduire à des trades rentables quand le prix brise la figure en fanion, qu'il aille vers une hausse ou vers une baisse.

USD/CAD avril 2011

Dans une situation comme celle-ci, aucun trader ne peut deviner la direction que le prix va prendre, mais peu importe. Le but est d'ouvrir une position une fois que la rupture a commencé, quelle que soit sa direction.

La meilleure stratégie de trading dans ce cas est de placer deux ordres d'entrée (des ordres qui ne sont déclenchés que lorsque les prix ont atteint un certain niveau) : un situé juste au dessus de la ligne de résistance en baisse, et l'autre juste en dessous de la ligne de soutien. Ainsi, vous avez de grandes chances de surfer sur la vague de la rupture, où qu'elle se dirige.

Les stop loss doivent être placés de façon assez serrée dans ce genre de trades, à l'intérieur du triangle par exemple : quand le prix retourne rapidement dans le triangle, cela veut dire qu'il y a eu un faux signal d'entrée.

Le triangle ascendant

Lorsqu'un triangle ascendant apparait, le prix subit des baisses encore moins prononcées, mais n'est pas capable de briser une résistance située de l'autre côté. Cette figure ressemble un petit peu à la figure du double bottom, à la différence près qu'il n'y a pas de ligne de soutien nette à sa base. Les bears perdent clairement de la force parce que le niveau des prix les plus bas continue à augmenter, mais les bulls ne parviennent pas à tirer pleinement avantage de la situation.

Avec un triangle ascendant, la cassure se produit plus souvent vers le haut que vers le bas. N'oubliez pas que « plus souvent » ne veut pas dire « toujours » : il arrive que des cassures aillent vers la baisse dans les triangles ascendants. Comme dans le cas du triangle symétrique, il faut placer un ordre d'entrée à la fois au-dessus et en dessous de la ligne de soutien en hausse. Ainsi, la direction prise par le prix n'a pas d'importance. Vous pouvez également placer des stops de façon assez serrée ici, pour limiter les pertes éventuelles.

Le signe le plus important d'un triangle ascendant est la ligne de soutien haussière, parce qu'elle prouve que les bears sont en train de perdre la bataille. Quand les vendeurs perdent complètement courage, les acheteurs, ou les bulls, arrivent et poussent les prix au dessus du niveau de résistance.

Les triangles ascendants sont souvent précédés par une tendance à la hausse, mais ils peuvent également se produire dans une tendance à la baisse.

Le triangle descendant

Le triangle descendant est bien évidemment l'inverse du triangle ascendant (je pense que vous l'aviez deviné). Les sommets sont de moins en moins élevés tandis que, de l'autre côté, les prix n'arrivent pas à franchir le niveau de soutien. L'amplitude entre les hauts et les bas devient de plus en plus faible, jusqu'à ce que les bears ou les bulls (généralement les bears dans le cas des triangles descendants) aient suffisamment d'élan pour pousser les prix au-delà du niveau de soutien ou de résistance.

Comme pour les triangles symétriques et ascendants, on place souvent deux ordres d'entrée lorsque surgit un triangle descendant : le premier au dessus de la ligne de résistance qui chute, et l'autre au dessus de la ligne de soutien.

Triangle descendant EUR/USD Décembre 2010

Sommets de moins en moins élevés

Chapitre 13 Soutien et résistance

Le concept de soutien et de résistance est un des outils les plus importants des traders. Il s'agit de niveaux de prix auxquels l'offre et la demande se concentrent, dans la direction inverse à celle de la tendance dominante du moment.

Imaginons, par exemple, qu'il y ait une tendance baissière (en d'autres mots, une période où il y a plus de ventes que d'achats). Arrive ensuite un moment où les prix atteignent un point où de nombreux achats sont concentrés et regroupés. Tout à coup, le volume d'achats dépasse le volume de ventes : manifestement, de nombreux traders pensent que le prix est désormais suffisamment bas pour se mettre à acheter. La tendance baissière est donc stoppée. Reportez-vous au graphique qui suit pour voir un exemple : les lignes verticales représentent le volume d'achat à un niveau de prix donné.

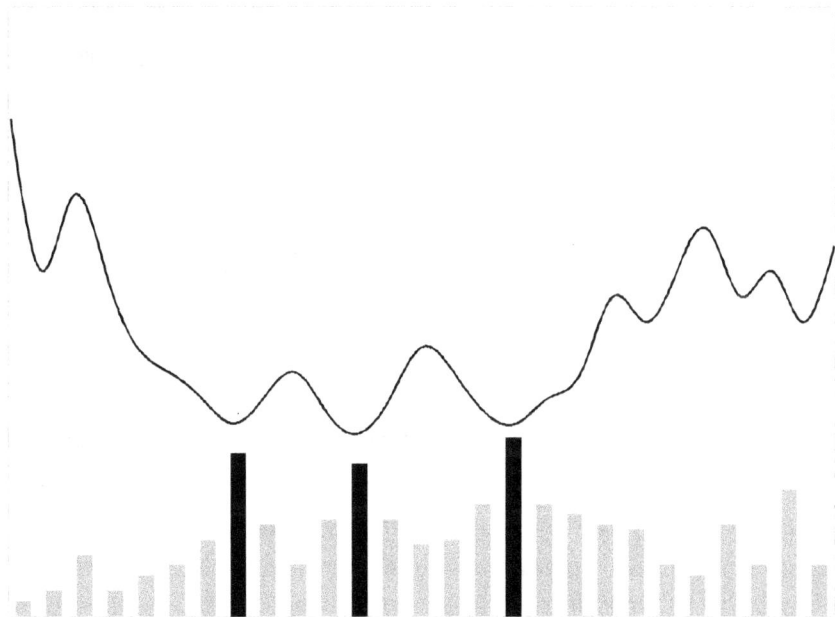

Il y a des niveaux de soutien et de résistance dans chaque période : dans les graphiques « 5 minutes », où une bougie représente cinq minutes, les graphiques de 15, 30 et 60 minutes, les graphiques quotidiens, etc. Toutefois, plus la période est longue, plus les niveaux de support et de résistance sont solides. C'est logique : ne dépasser un certain niveau qu'une seule fois en cinq ans est plus significatif que de le dépasser une fois au cours des cinq dernières minutes.

Un niveau de soutien ou de résistance a généralement résisté au moins à une attaque : sinon, il ne mériterait pas le nom de « soutien » ou de « résistance » (il existe également des niveaux possédant une signification sur le plan psychologique, mais tant qu'ils n'ont pas été testés, on ne peut pas les qualifier de niveaux de soutien ou de résistance, même s'il y a des chances pour qu'une hausse ou une baisse des prix perde de l'élan en les atteignant). Comme un point de soutien ou de résistance a repoussé une première attaque, il est fort probable qu'il y réussira une seconde fois. Tous les traders consultent les mêmes graphiques, et la mémoire collective de la communauté Forex est puissante.

Lorsque les traders pensent qu'un certain niveau de résistance est difficile à casser, la probabilité qu'ils ferment leurs positions pour faire un bénéfice quand le prix s'approche de ce niveau augmente. Une partie de la force des points de soutien et de résistance est donc due à une prophétie autoréalisatrice.

Plus un niveau de soutien ou de résistance supporte d'attaques, plus il se renforce. Connaitre ces niveaux, que l'on peut facilement repérer sur des graphiques en chandeliers, peut vous fournir d'importants avantages stratégiques sur le Forex.

LES ORIGINES DES NIVEAUX DE SOUTIEN ET DE RÉSISTANCE

Les regroupements d'acheteurs ou de vendeurs peuvent se produire pour plusieurs raisons. Souvent, ces niveaux existent pour des raisons simplement psychologiques, comme le montre le fameux exemple du Dow Jones et de son niveau de résistance de 1000 points. Entre 1966 et 1982, les traders se sont révélés incapables de briser cette résistance. Le niveau de 1000 points a été atteint à plusieurs reprises, mais aucune percée durable ne s'est produite. La rupture a finalement eu lieu en 1982, et les niveaux de 2000, 3000, 4000 et 5000 points ont facilement été franchis. Le cours de l'or, qui n'a jamais dépassé 400 dollars du milieu des années 80 au début des années 90, est un autre exemple célèbre.

COMMENT UTILISER LES NIVEAUX DE SOUTIEN ET DE RÉSISTANCE

Le soutien et la résistance peuvent être des outils formidables pour déterminer des points d'entrée et de sortie pour vos positions. Armé en tout et pour tout d'un graphique en chandeliers, vous pouvez repérer les points de soutien et de résistance et décider de la meilleure stratégie pour en tirer profit, sans utiliser le moindre indicateur technique.

Le fait que les indicateurs techniques soient aujourd'hui gratuits et facilement accessibles a plusieurs effets indésirables : certains traders débutants regardent à peine les graphiques en chandeliers, et quand ils le font, c'est uniquement pour à quoi ressemble tel ou tel indicateur technique. En réalité, il n'y a pas besoin d'indicateur technique pour repérer une bonne tendance, ou pour savoir à quel moment une tendance n'a pas été capable de se prolonger.

En tant que trader, vous pouvez tirer profit des niveaux de soutien et de résistance en les considérant comme des indices de l'évolution future des cours. Il est par exemple judicieux d'ouvrir une position quand le prix rebondit sur un niveau de soutien ou de résistance. Après un rebond de ce genre, il y a de grandes chances que le prix ne franchisse pas de sitôt le niveau de soutien ou de résistance. Placez votre stop un petit peu au dessus ou en dessous du point que le prix a atteint, et votre objectif de rentabilité un peu avant la ligne de soutien ou de résistance de l'autre côté. Le graphique qui suit vous montre comment faire.

Comme nous l'avons dit plus haut, il y a des niveaux de soutien et de résistance pour toutes les périodes, mais plus une période est longue, plus ces niveaux sont forts.

Range trading EUR/CHF 2004-2005

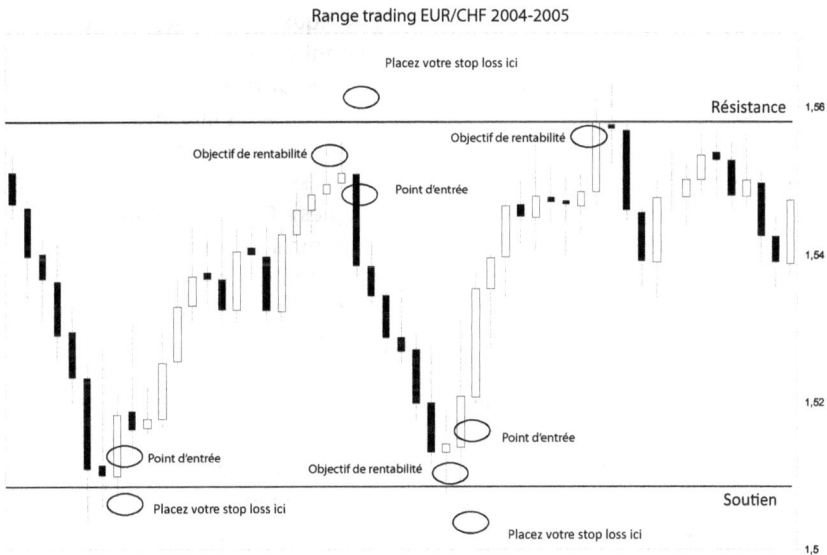

En l'espace d'une séance de trading, on trouve des niveaux de soutien/résistance intra-journaliers. Il peut s'agir de prix qui déterminent l'amplitude de trading pour la journée, parce que les day traders décident de vendre ou d'acheter au-delà de ce niveau. Dans une séance de trading, les niveaux de soutien et de résistance peuvent être séparés par des dizaines de pips, voire même par plus d'une centaine. C'est souvent le cas avec le GBP/USD pendant la séance de trading européenne. Par ailleurs, il arrive que l'amplitude soit parfois de quelques pips seulement, ce que l'on peut souvent observer avec l'EUR/GBP pendant la session de trading asiatique.

Quelques conseils pour tirer profit des niveaux de soutien et résistance

Certains de ces conseils ont déjà été mentionnés, mais cela ne peut pas faire de mal de les répéter.

1. Plus un prix a évolué vite avant de se cogner au barrage de la ligne de soutien/résistance, plus ce barrage est important. C'est tout à fait logique : un arrêt soudain est plus révélateur qu'un prix qui baisse doucement... tout doucement... de plus en plus doucement... avant de s'arrêter.

2. Plus un niveau de soutien ou de résistance a affronté d'attaques, plus il se renforce. C'est l'indice le plus important qu'il soit sur l'importance d'un soutien ou d'une résistance donnée. Quand un niveau de soutien a déjà tenu bon à trois reprises, vous savez, comme des millions de traders, qu'il y a de fortes chances que cela se produise à nouveau. Cela crée donc d'excellentes opportunités de trading.

3. Plus la période représentée sur un graphique est longue, plus les niveaux de résistance et de soutien qui y figurent sont puissants. Comme nous l'avons dit précédemment, il existe des niveaux de résistance et de soutien sur des graphiques « 5 minutes ». Ils sont toutefois bien moins significatifs que ceux apparaissant dans sur des périodes plus longues (à moins, bien entendu, que les mêmes niveaux soient aussi présents sur des graphiques correspondant à des périodes plus longues). Cela ne signifie pas que ces niveaux ne sont pas utiles (ils peuvent même s'avérer très rentables). Pour les traders intra-journaliers, qui ouvrent des positions pendant deux heures au maximum et se fixent des objectifs de rentabilité d'environ 30 pips, les niveaux de soutien et de résistance présents sur un graphique 5 minutes peuvent être extrêmement utiles.

4. Plus il s'est écoulé de temps entre la première et la dernière attaque qu'a subi un niveau de soutien/résistance, plus ce niveau est faible. La notion de temps est relative dans ce cas, parce que la force d'un soutien ou d'une résistance diminue bien plus vite sur un graphique 5 minutes que sur un graphique hebdomadaire. En effet, lorsque cela fait longtemps que des traders ont échangé une paire de devises à un prix proche du niveau de résistance ou de soutien, ces niveaux deviennent moins forts.

Repérer les niveaux de soutien et de résistance ne doit pas être trop compliqué. Si vous ne parvenez pas à les identifier sur votre graphique sans avoir recours à toutes sortes d'aides et d'outils, il y a des chances pour que ces niveaux ne soient pas réellement significatifs.

Chapitre 14 Les indicateurs techniques les plus importants

Les indicateurs techniques (appelés en anglais *technicals*, ou *TI*, pour faire plus court) sont des formules mathématiques basées sur des paramètres spécifiques qui s'intéressent à certains aspects de l'évolution des prix d'un instrument financier (les paires de devises dans le cas du Forex) et se servent des informations ainsi récoltées pour anticiper les futures fluctuations des prix.

En d'autres mots, un indicateur technique se fonde sur les oscillations des prix dans le passé pour prédire leur évolution dans l'avenir. Il ne s'intéresse pas aux facteurs fondamentaux sous-jacents d'une action ou d'un instrument financier, comme les chiffres de l'emploi ou de l'inflation : il prend uniquement en compte les fluctuations des prix. Les indicateurs techniques sont donc surtout utiles aux traders à court terme, parce que les facteurs fondamentaux ont un impact significatif sur l'évolution du prix des actions et des instruments financiers à long terme. Cela ne revient pas à dire que les traders sur le long terme n'ont aucun intérêt à utiliser les indicateurs techniques pour décider de leurs points d'entrée et de sortie, mais tout simplement que ces indicateurs sont plus précis sur le court terme.

Il existe de nombreux indicateurs techniques. Ce livre n'a pas l'ambition de tous les passer en revue, mais certains sont particulièrement importants.

Les moyennes mobiles

La façon la plus simple de trouver des informations utiles sur un niveau de prix est de comparer sa valeur relative comparée à celle de niveaux de prix précédents. Pour ce faire, il suffit de calculer la *moyenne mobile simple* (*simple moving average* ou *SMA* en anglais).

La moyenne mobile simple est le résultat de la somme des prix de clôture d'un actif (dans ce cas, les paires de devises), divisé par le nombre de périodes. Par exemple, pour calculer la moyenne mobile simple du prix d'un actif sur dix périodes, il faut additionner les prix de clôture de ces dix périodes et diviser le tout par dix. A chaque fois que vous ajoutez un nouveau prix de clôture, il faut enlever le prix le plus ancien. En notant cette moyenne sur un axe x-y, vous verrez de quelle façon le prix moyen d'un instrument financier a évolué sur les dix dernières périodes.

L'inconvénient de la moyenne mobile simple, c'est que le décalage avec la réalité du mouvement est relativement important. Des moyennes mobiles simples de grande ampleur, qui prennent par exemple en compte 100 ou 200 périodes, sont calculées à partir de niveaux de prix anciens. En même temps, ces moyennes mobiles simples reflètent assez bien le consensus de marché. Elles vous permettent de savoir où se situe le niveau de prix actuel par rapport à une tendance à plus long terme. Si les prix sont au dessus de la moyenne mobile simple, on dit qu'ils s'inscrivent dans une tendance à la hausse et, s'ils sont en dessous, qu'ils sont dans une tendance à la baisse. C'est certes très simple, mais ces moyennes peuvent malgré tout s'avérer fort utiles.

Les indicateurs dérivés des moyennes mobiles : méthodes

Certains des indicateurs techniques les plus précis sont basés sur la moyenne mobile simple : c'est par exemple le cas de la moyenne mobile exponentielle et du système à trois moyennes mobiles simples.

La moyenne mobile exponentielle

La moyenne mobile exponentielle fonctionne de la même façon que la moyenne mobile simple, sauf qu'elle accorde plus d'importance aux niveaux de prix les plus récents. Le principe est évident : plus un prix est récent, plus il est pertinent lorsqu'il s'agit d'anticiper ses mouvements futurs. Par exemple, dans le cas d'une moyenne calculée sur 10 périodes, on peut multiplier le niveau de prix le plus récent par 10, l'avant-dernier prix par 9, le prix correspondant à la huitième période par 8, et ainsi de suite. Il faut ensuite additionner les prix obtenus pour chaque période et diviser cette somme par le nombre de multiples utilisés (10+9+8+7, etc.)

Cette méthode permet aux moyennes mobiles exponentielles de mieux refléter les fluctuations de prix récentes que ne le font les moyennes mobiles simples. La marge d'erreur est également plus grande, parce que les périodes les plus anciennes sont quasiment exclues de l'équation. Plus on prend en compte de périodes (20, 40, ou 65), plus la différence entre une moyenne mobile simple et une moyenne mobile exponentielle est grande.

Systèmes de filtrages de moyennes mobiles

Quand les prix oscillent, c'est-à-dire quand ils fluctuent dans une fourchette de prix étroite, la marge d'erreur des moyennes mobiles augmente considérablement. N'oubliez pas que, comme tous les indicateurs techniques, les moyennes mobiles sont par définition toujours en peu en retard. Quand les prix fluctuent très vite vers le haut ou vers le bas, les prévisions que l'on peut faire sur leur évolution à partir des moyennes mobiles sont moins exactes.

De nombreux traders utilisent ainsi des filtres composés de plusieurs moyennes mobiles, recherchant les situations où ces différentes moyennes se recoupent. On appelle cela le croisement de moyennes mobiles.

Les traders sont principalement à l'affût des moments où une moyenne mobile calculée sur le court terme coïncide avec une moyenne calculée sur le long terme. Quand la moyenne à court terme traverse la moyenne à long terme par en dessous, un signal d'achat est généré. Lorsque le croisement s'effectue par le haut, c'est un signal de vente qui est déclenché. Comme ces signaux concernent une tendance qui a déjà commencé, il n'est généralement pas judicieux d'acheter et de vendre aux points de croisements.

En effet, les croisements ont normalement lieu après une hausse ou une baisse considérable. Celles-ci sont souvent suivies par ce que l'on appelle le *retracement*, un phénomène qui annule en partie les effets de cette hausse ou de cette baisse. Les retracements sont souvent causés par des traders qui ferment des positions rentables, pendant que d'autres essaient d'ouvrir des positions au plus haut ou au plus bas de la tendance, poussant le prix dans la direction opposée. Ouvrir une position à ce moment signifie souvent acheter cher et vendre bon marché.

A quoi ces filtres servent-ils alors ?

Pour que les filtres de moyennes mobiles soit véritablement utiles, il faut être capable d'identifier les différents types de tendances. Quand la moyenne mobile à court terme est plus élevée que la moyenne mobile à long terme, l'évolution du prix s'inscrit dans une tendance à la hausse (c'est-à-dire que les prix ont été plus élevés dans les périodes les plus récentes), et vice versa. Le croisement indique un potentiel renversement de tendance, comme vous pouvez le voir dans l'exemple suivant.

Le système « 3 SMA » (3 moyennes mobiles simples)

Le très célèbre système « 3 SMA » se base sur trois moyennes mobiles simples calculées sur différentes périodes. Les durées de 3, 20 et 65 périodes sont fréquemment utilisées. Quand la moyenne mobile simple à court terme se situe au dessus de la moyenne à moyen terme, qui, à son tour, est plus élevée que la moyenne à long terme, la tendance est clairement à la hausse. En d'autres termes, sur la période la plus longue, le prix moyen est X. Sur le moyen terme, il est de X + 1, et sur la plus courte période, il est de X +2. Ainsi, plus la période est récente, plus le prix est élevé.

Si ce système révèle quelle est la tendance actuelle, il ne vous dit pas si cette tendance va se poursuivre.

Il s'agit malgré tout d'un outil important pour les traders qui s'intéressent aux tendances. La principale utilité du système « 3 SMA » est de vous indiquer à quel moment vous ne devez pas ouvrir de position. Les trois moyennes à court, moyen et long terme sont très proches les unes des autres, ou, au contraire, elles ne coïncident pas du tout ? Les trends traders savent alors que ce n'est pas un bon moment pour ouvrir une position, car la tendance n'est pas claire.

Trade serré à large avec 3 moyennes mobiles simples

Il existe une exception à la règle qui dit que le système des 3 moyennes ne devrait pas être utilisé pour générer un signal d'entrée et qu'il sert uniquement à identifier la tendance du marché (tendance haussière, tendance baissière ou range). Cette exception se produit quand les trois moyennes, après avoir été proches les unes des autres, commencent à se séparer dans un ordre bien particulier : dans une tendance haussière, la moyenne à court terme doit être au dessus de la moyenne à moyen terme et la moyenne à moyen terme au dessus de la moyenne à long terme, et vice versa dans une tendance baissière.

En effet, lorsque ce phénomène se produit, ouvrir une position est peu risqué et peut se révéler très rentable. Pourquoi est-ce si peu risqué ? Parce que, quand la moyenne mobile à court terme croise la moyenne à moyen terme, la différence de prix est faible (n'oubliez pas que les trois moyennes étaient proches). Il est donc peu probable qu'un retracement se produise, et, même si c'était le cas, il serait peu important.

Il ne faut pas ouvrir de position au moment où le croisement apparait parce que celui-ci vous montre uniquement quand le basculement a eu lieu une fois qu'il s'est déjà produit, sans compter qu'il y a en plus un risque qu'un retracement entre en jeu peu de temps après. Mais lorsque les moyennes, après avoir été proches les unes des autres, commencent à se disperser, un retracement est peu probable.

Dans cette situation, il est judicieux d'ouvrir une position. Dans le cas d'une tendance haussière, le signe à guetter est une moyenne à court terme plus haute que la moyenne à moyen terme, elle-même plus haute que la moyenne à long terme. Si les trois lignes des moyennes se rapprochent à nouveau, juste après avoir commencé à se séparer, on peut en conclure que la dispersion des moyennes était une fausse alerte. Ce n'est pas grave, car vous auriez limité les risques en plaçant des stop loss assez serrés.

LES BANDES DE BOLLINGER

Les bandes de Bollinger sont un des indicateurs techniques les plus populaires.[20] Cela est notamment dû au fait que ces bandes vous montrent en un seul coup d'œil quand le prix s'éloigne de son cours « normal ». De nombreux traders utilisent les bandes de Bollinger sur leurs graphiques en chandeliers.

Pour beaucoup, il n'y a rien de mieux que de surfer sur une tendance aussi longtemps que possible : c'est comme surfer au creux de la vague. Ouvrir une position sur une tendance naissante et profiter du voyage sur la « long and

---

20   Les bandes de Bollinger ont été créées par John A. Bollinger, qui était analyste financier dans les années 1980. Son livre Les Bandes de Bollinger est l'ouvrage de référence sur cet indicateur technique.

trending road », dont chaque pip vous rend plus riche, est vraiment agréable. Les range traders ont la même sensation lorsqu'ils trouvent un bon trade en mode « range », sauf que l'amplitude des fluctuations de prix est bien moins élevée dans ce cas.

Quand pouvons-nous parler de tendance ? Et comment les repérer rapidement ? Les bandes de Bollinger permettent de répondre à ces questions. Elles partent du principe que, dans 70 à 80% des cas, les prix évoluent dans une certaine zone. Quand les prix commencent à **sortir** de cette zone, cela peut vouloir dire qu'une tendance est en train de naitre.

Les bandes de Bollinger mesurent *l'écart type* du prix comparé à la moyenne mobile sur 20 périodes. Quand les bandes de Bollinger sont rapprochées, cela signifie que le marché est peu volatile, parce que la différence entre les deux extrêmes, à savoir l'écart type supérieur et inférieur, est réduite.

Dans l'exemple qui suit, les bandes de Bollinger sont relativement éloignées : les prix sont donc très volatiles, et il est difficile de deviner dans quelle direction ils vont évoluer.

Bandes de Bollinger GBP/USD sept/oct 2006

Utiliser les bandes de Bollinger pour ouvrir et fermer des positions

Pour exploiter tout le potentiel des bandes de Bollinger en tradant sur le Forex, il faut prendre en compte trois questions :

1.   Détection des tendances : quand peut-on dire qu'une tendance est en train

d'émerger ?

2. Le point d'entrée : quand ouvrir une position ?

3. Le point de sortie : quand considère-t-on qu'une tendance est terminée ?

La troisième question est la plus importante de toutes, ce qui peut paraitre surprenant. Les traders sous-estiment souvent l'intérêt des points de sortie, car ils s'intéressent principalement aux points d'entrée : quelle action, marchandise ou devise acheter ? Quand ouvrir une position longue sur l'euro ? Bien entendu, il est capital de choisir le bon moment pour se lancer, mais la plupart des traders qui débutent perdent de l'argent parce que, a) ils ne savent pas comment limiter leurs pertes, et que, b) ils ignorent comment tirer parti de leurs trades gagnants. On peut résoudre ces deux problèmes en trouvant des points de sortie adéquats (note : nous reviendrons sur les points de sortie plus loin dans ce livre).

Détection des tendances : quand peut-on dire qu'une tendance est en train d'émerger ?

Lorsque l'on utilise les bandes de Bollinger, on dit qu'une tendance est peut-être en train d'apparaitre quand la bougie ferme au dessus ou en dessous de la bande de Bollinger. Toutefois, n'oubliez pas que simplement toucher ou croiser la bande ne suffit pas : le fait qu'une bougie ferme ou en dessous de la bande accroit les chances d'une rupture certaine (si tant est que les choses soient jamais certaines dans le monde du trading).

Le point d'entrée : quand ouvrir une position ?

Même si la bougie ferme à l'extérieur des bandes de Bollinger, dans la zone d'achat ou de vente, il ne faut pas ouvrir de position tout de suite. Pourquoi ? Parce qu'il faut toujours rechercher les situations comportant le moins de risques. La différence entre les traders qui gagnent de l'argent et ceux qui en perdent tient moins au fait de « choisir un trade gagnant » que de celui de limiter les pertes tout en faisant le maximum de bénéfice. Voilà pourquoi il est généralement plus judicieux d'attendre qu'un retracement se produise avant d'ouvrir une position.

Les hausses sont presque toujours suivies de retracements. Même dans un marché en très nette hausse, des traders gagnent de l'argent alors que d'autres font tout l'inverse, parce qu'ils pensent que les prix vont chuter ou exploser. Les traders qui réussissent le mieux entrent souvent dans la partie après un retracement. Ils n'essaient pas de créer des tendances (si c'est votre truc, lancez-vous plutôt dans la mode) : ils essaient de les suivre.

Ouvrir une position après un retracement peut considérablement réduire les risques. Si le prix continue de s'éloigner des bandes supérieure et inférieure, ce qui signifie que le retracement se poursuit et se transforme en renversement, il n'y avait pas vraiment de tendance. Attendre que le retracement ait lieu vous évite de devoir stopper votre position. Les traders qui ouvrent des positions dès que la première bougie ferme dans la zone d'achat et de vente n'ont plus le choix. De plus, si le retracement a bien lieu et que le prix retourne dans la zone d'achat et de vente, vous gagnerez plus d'argent si vous ouvrez une position après le retracement. Cette technique a un seul défaut : vous manquerez un trade de temps à autre, quand il n'y a pas de retracement du tout. Même si c'est évidemment décevant, cela ne se produit que très rarement. Par ailleurs, n'oubliez pas que l'objectif d'un bon trader n'est pas d'ouvrir un maximum de positions. Votre but est, ou devrait être, de faire des trades avec une espérance de gain maximale et un risque minimal.

Par conséquent, il ne faut ouvrir de position que lorsque le prix est momentanément retourné dans le couloir formé par les bandes de Bollinger. Si la bougie a fermé très loin de la zone d'achat ou de vente, il suffit que le prix touche une bande au moment du retracement. Dans tous les cas, il ne faut trader qu'une fois que le prix a subi un retracement temporaire. Ainsi, on limite les pertes au cas où la tendance s'essoufflerait, ce qui se produit assez souvent. Cela permet également d'augmenter la rentabilité d'un trade quand une tendance se forme, parce que vous avez ouvert votre position à un meilleur prix.

A quelques rares occasions, il n'y a guère de retracement et la tendance se forme immédiatement : vous aurez donc manqué un trade. Ce n'est pas une situation très agréable, mais vous pourrez vous consoler en sachant que, sur le long terme, vous gagnerez plus d'argent en attendant les retracements.

Le point de sortie : quand peut-on considérer qu'une tendance est terminée ?

Comme nous l'avons vu plus haut, cette question est la plus importante de toute : choisir un bon point de sortie peut à la fois limiter vos pertes et booster vos gains. De nombreux traders en herbe apprennent bien assez tôt le vieil adage « Coupez vos pertes et laissez vos profits grimper ». Il s'agit en effet d'une des règles d'or du trading, tout comme « la cupidité est une bonne chose », phrase prononcée par Gordon Gekko dans le film *Wall Street*. Mais si tout le monde connait cette règle, pourquoi y a-t-il autant de perdants sur le Forex ? La réponse à cette question est, évidemment, que cette règle est très difficile à suivre.

A quelle tentation cède-t-on souvent quand on perd une grosse somme d'argent au casino ou sur une table de poker ? Faire monter les enjeux pour regagner l'argent perdu. Il est dans la nature de la majorité d'entre nous de faire exactement le contraire de « couper les pertes et de laisser les profits grimper » : on laisse les pertes s'accumuler et on arrête les profits. Evidemment, il est naturel d'avoir des difficultés à accepter de perdre, tout comme de vouloir conserver le bénéfice réalisé. Après tout, voir des gains partir en fumée est une chose terrible, et les voir se transformer en pertes est encore pire.

La bonne nouvelle, c'est que bien réfléchir aux points de sortie que l'on va mettre en place peut vous éviter tout cela. A condition, bien entendu, de les respecter...

Avec les bandes de Bollinger, le point de sortie se situe généralement à l'endroit où le prix touche la bande opposée. Dans le cas d'une tendance haussière, le signal de sortie est généré quand le prix touche la bande de Bollinger inférieure. Mais pourquoi ne pas choisir, à la place, de ne sortir que quand le prix traverse la bande, ou quand une bougie ferme en dessous de la bande ? Et bien, parce qu'il s'agit ici de limiter l'exposition aux risques. Une tendance qui n'est pas assez forte pour rester au dessus de la bande opposée n'est pas vraiment une tendance et ne mérite pas que l'on prenne de risques. Pour citer un autre dicton, cette fois-ci emprunté au noble jeu de poker, « il faut savoir quand laisser tomber une main pourrie ».

Utiliser correctement les bandes de Bollinger augmente non seulement les chances de repérer une tendance et de bien l'exploiter, mais oblige par ailleurs à penser aux points de sortie (à la fois pour réaliser des profits et pour limiter les pertes). Cela aide à aborder le trading de façon réfléchie et à développer une stratégie de trading rentable.

LE RELATIVE STRENGTH INDEX

Le relative strength index[21], ou RSI, est un indicateur assez simple mais très utilisé. Il mesure la puissance relative d'une tendance. Le RSI aide à mieux estimer ce que l'on peut attendre d'une tendance (possible), et à augmenter les chances de faire un trade gagnant.

Fonctionnement du RSI

Le RSI mesure la puissance du mouvement d'un prix en comparant le nombre de fois où une paire de devises a clôturé en hausse au nombre de fois où elle a clôturé en baisse. On fait généralement ce calcul sur 14 périodes, et les données sont équilibrées grâce à des moyennes exponentielles : plus les chiffres sont récents, plus on leur accorde d'importance.

Le résultat est un nombre compris entre 0 et 100. Une valeur supérieure à 70 indique une situation de surachat, tandis qu'une valeur inférieure à 30 est le signe d'une survente.

Obtenir un RSI supérieur à 70 ou inférieur à 30 ne signifie pas qu'il faut passer

---

21 Concept mis au point par J. Welles Wilder, qui l'a développé en 1978 dans on livre New Concepts in Technical Trading Systems.

à l'action immédiatement. Cela montre juste que le prix est entré dans une phase de surachat ou de survente et que tout changement peut révéler un renversement de tendance.

Comment utiliser le Relative strength index

Une méthode fréquemment utilisée consiste à comparer le RSI avec le prix réel d'un actif. Par exemple, quand les prix ne cessent d'atteindre des sommets toujours plus hauts mais que le RSI se comporte différemment, il est possible qu'un renversement de tendance ou une consolidation se produise. Il en va de même pour les tendances à la baisse, quand les prix ne cessent de chuter alors que le RSI reste stable.

La divergence

Le fait de repérer l'écart entre l'évolution des prix et leur élan est connu sous le nom de *divergence*. Cette méthode fonctionne bien avec plusieurs indicateurs techniques. A première vue, la tendance semble se porter comme un charme, avec des prix qui ne cessent de monter (ou de baisser, dans le cas d'une tendance baissière), mais l'indicateur technique montre qu'elle est en réalité en train de s'essouffler.

Pour repérer rapidement ce type de divergence, les traders ont souvent recours à une simple analyse des lignes de tendance, en connectant les hauts et les bas directement au RSI. Quand la ligne de tendance du RSI chute alors que le prix est en hausse, cela signifie qu'elle est au bord de l'épuisement (un phénomène que l'on appelle « trend line exhaustion » en anglais). Vous pouvez en voir un exemple sur le graphique qui suit.

Divergence RSI EUR/USD . Sept 2008

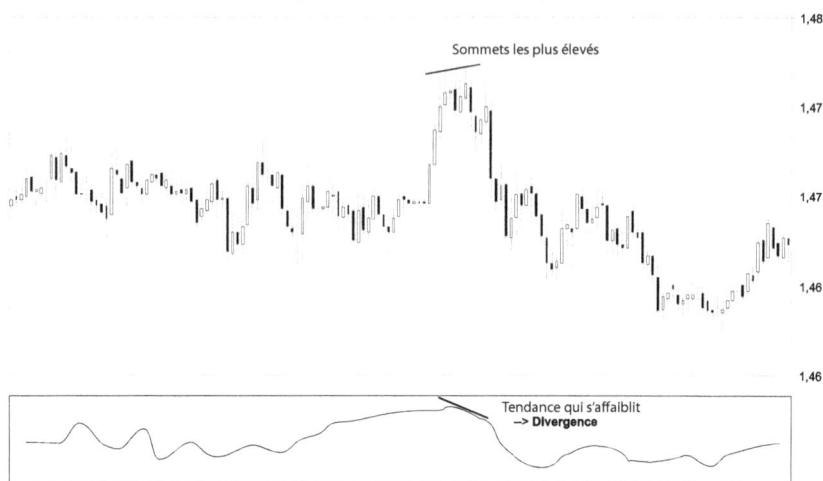

L'avantage principal du RSI, c'est qu'il filtre les bruits du marché. Les mouvements des prix peuvent être extrêmement volatiles, notamment sur le court terme, ce qui les rend particulièrement imprévisibles. Comme le RSI prend de nombreuses périodes en compte, tout en accordant plus d'importance aux périodes les plus récentes, les faux signaux sont bien plus rares. Cet indicateur peut donc vous aider à trouver le bon moment pour ouvrir une position et augmenter vos chances de gagner de l'argent.

L'ANALYSE STOCHASTIQUE

Cet indicateur technique est plus ancien, mais il reste populaire[22]. L'idée qui sous-tend l'analyse stochastique, c'est que, dans une tendance à la hausse, les prix de clôture de chaque période sont toujours très élevés, parce que les « bulls » ne cessent de les faire monter. Dans une tendance à la baisse, quand les « bears » vendent, c'est l'inverse qui se produit. Ce principe est tout aussi simple que logique. La particularité de l'analyse stochastique, c'est qu'elle montre où la tendance en est dans sa progression, selon toute probabilité.

Un outil de range trading

Comme nous l'avons vu plus haut, les prix des paires de devises sont relativement peu volatiles de 70 à 80% du temps, ce qui signifie qu'ils se maintiennent dans une fourchette délimitée, en haut, par la résistance, et, en bas, par le soutien. Pour les véritables trend traders, ce ne sont pas les moments les plus palpitants, mais pour ceux qui savent comment en tirer parti, le range trading peut être

---

22   Mis au point par Dr. George Lane dans les années 1950.

une mine d'or. L'avantage principal de prix peu volatiles est bien entendu le fait qu'il est relativement facile de savoir dans quelle direction ils vont évoluer. Cela permet aux adeptes du range trading de mettre en place des stops serrés, avec une probabilité de gain élevée.

Mettons, par exemple, que le prix évolue dans une fourchette de 25 pips. Vous ouvrez une position en bas de ce range, et vous la fermez en haut. Si vous faites cela 80% du temps, vous pouvez empocher de jolies sommes. Imaginons que vous faites 10 trades avec des stops de 25 pips. Vous gagnez 200 pips (8 x 25 pips) et perdez seulement 50 pips (2 x 25). Déduisez les 10 x 2 pips du spread (sur 10 trades), et vous encaissez un bénéfice net de 130 pips, ou de 13 pips par trade en moyenne. Pas mal du tout !

C'est pour déterminer approximativement où on se situe dans le range que l'analyse stochastique entre en jeu. N'oubliez pas qu'il ne faut jamais se fier aveuglément à cet indicateur (il en va de même pour tous les indicateurs techniques) : il vous fournit simplement des indices, et vous donne une raison supplémentaire d'ouvrir ou non une position.

L'analyse stochastique en détail

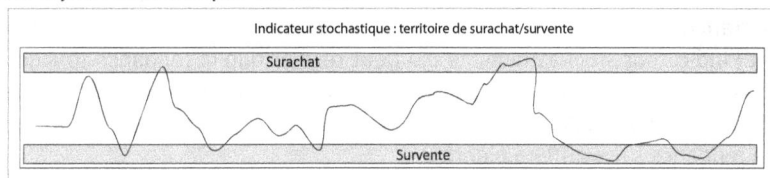

L'indicateur stochastique tire ses données de base de la moyenne mobile, généralement calculée sur 14 périodes. Il existe deux types d'analyse stochastique : l'indicateur stochastique rapide et l'indicateur stochastique lent.

L'indicateur stochastique rapide compare le prix à la moyenne mobile sur 14 périodes et lui confère une valeur comprise entre 1 et 100. L'indicateur stochastique lent est la moyenne sur 3 périodes du stochastique rapide. L'avantage de l'indicateur stochastique lent, c'est qu'il élimine les bruits du marché de façon plus efficace que l'indicateur rapide. Malheureusement, à cause de cela, le décalage y est plus grand.

L'indicateur stochastique évolue dans une fourchette comprise entre 1 et 100. La valeur stochastique pour un prix donné vous montre par conséquent où se situe le prix par rapport à la moyenne mobile sur 14 périodes. Si l'indicateur stochastique, pour un prix donné, est de 50, cela signifie que le prix se trouve exactement au milieu de la moyenne mobile des 14 périodes.

La règle de base stipule que quand l'indicateur stochastique est égal ou supérieur à 80, les prix sont entrés dans une phase de surachat (et qu'il est donc probable qu'ils chutent). A l'inverse, une valeur égale ou inférieure à 20 indique une phase de survente (les prix connaitront donc sans doute une hausse).

Cela ne signifie pas pour autant que vous devez ouvrir une position courte dès que le stochastique atteint 80, ou une position longue dès qu'il descend en dessous de 20. Le stochastique peut rester au dessus de 80 ou au dessous de 20 pendant une période assez longue. L'idée, c'est qu'il faut surveiller l'indicateur et attendre qu'il franchisse la barre des 80 ou des 20 à **nouveau**, ce qui annonce un renversement.

En substance, l'analyse stochastique mesure l'élan d'une tendance. Utilisé correctement, comme décrit plus haut, il détermine le moment où commence un renversement de tendance.

Le meilleur de l'analyse stochastique : la divergence

Une des meilleures façons d'utiliser l'analyse stochastique est de rechercher les situations de divergence, pendant une phase de surachat ou de survente (80/20) avec des prix qui ne cessent d'atteindre des sommets toujours plus hauts tandis que l'indicateur stochastique se dirige vers la ligne des 80/20 sans l'avoir franchie. Dans ce cas, il y a une divergence totale entre le mouvement du prix et l'indicateur stochastique, ce qui peut révéler que la tendance touche à sa fin. Avec cette méthode, le décalage entre l'indicateur et les fluctuations des prix n'est pas un obstacle, parce que l'indicateur en hausse ou en baisse montre que la tendance s'essoufflera bientôt.

Comme nous l'avons déjà dit, aucun indicateur technique ne peut prédire à 100% la façon dont les prix évolueront (l'analyse fondamentale en est tout aussi incapable). Le secret est de savoir repérer les moments les moins risqués, où les chances de réussites sont élevées et où le risque de perdre est faible. Si vous parvenez à faire cela, vous pourrez gagner beaucoup d'argent sur le long terme.

FIBONACCI

Utilisés par de nombreux traders, les niveaux de Fibonacci sont un des indicateurs techniques les plus populaires. Il est essentiel de comprendre comment ils fonctionnent car, après tout, ce sont les hommes qui font le marché.

De tous les indicateurs techniques étudiés dans ce livre, la suite de Fibonacci est sans doute le plus ésotérique. Si ésotérique, en fait, qu'il n'a rien à voir avec les mouvements du marché en tant que tels, et qu'il est impossible d'expliquer de façon rationnelle pourquoi on l'applique aux marchés financiers. Les fervents partisans des niveaux de Fibonacci, et il y en a beaucoup, refusent catégoriquement de le considérer comme un indicateur irrationnel. Comme les adeptes de Fibonacci sont très nombreux, il est important de savoir de quoi il en retourne vraiment.

Il est vrai que l'on peut fréquemment observer la suite de Fibonacci dans les évolutions des prix. On peut ainsi souvent prédire l'apparition de forts niveaux de résistance et de soutien grâce aux niveaux de Fibonacci. Ce n'est pas parce que ceux-ci ont des pouvoirs mystiques, mais pour une raison bien plus terre-à-terre.

Lorsque l'on essaie de prédire le futur (ce que nous faisons tous, en tant que traders), on risque toujours de finir par croire qu'une particule, un être, un évènement astrologique un indicateur est le Saint-Graal et peut expliquer l'humanité toute entière, ainsi que l'univers et tout ce qu'il contient.

Vous pensez peut-être que j'exagère quand je parle des méthodes que les traders utilisent pour essayer de deviner les futures évolutions des prix, mais certains ne se contentent pas de baver sur la suite de Fibonacci. Ils recherchent les effets qu'ont sur le comportement humain des phénomènes comme la marée ou les tâches solaires, qui influencent le champ magnétique de la Terre (et l'humanité toute entière), et ainsi de suite. Il semble que beaucoup de gens ont tout simplement envie de croire qu'il existe des puissances supérieures qui guident notre comportement.

Cette longue introduction sur la suite de Fibonacci était non seulement nécessaire parce que les traders doivent la connaitre, mais aussi parce que c'est le dernier indicateur technique dont nous parlerons dans ce livre : c'est donc l'occasion de vous rappeler, encore une fois, qu'il ne faut pas surestimer l'utilité de ces indicateurs.

Au bout du compte, ce sont les hommes qui font le marché. Tout ce qui influence le comportement humain est important, y compris les indicateurs techniques, et même ceux qui sont totalement irrationnels. En même temps, aucun marché n'est à l'abri des changements majeurs dans la valeur intrinsèque des actifs. Quand l'économie américaine est beaucoup moins performante que l'économie de la zone euro sur une période de temps relativement longue, la valeur de l'euro par rapport à celle du dollar augmente. Après tout, au cœur du cours de l'EUR/USD, il y a des valeurs économiques. Les indicateurs techniques peuvent vous aider à définir la force d'un mouvement de prix ou à prédire à quel moment une tendance se terminera, mais, sur le long terme, l'évolution d'une paire de devises est déterminée par les valeurs économiques qui sous-tendent chaque monnaie.

Il est également important de savoir que de nombreux traders se servent uniquement des indicateurs techniques pour trouver de bons points d'entrée, malgré le fait que ceux-ci ne représentent que 10% d'une stratégie de trading efficace. Les points de sortie, la taille des positions (c'est-à-dire le calcul du risque maximum que l'on peut prendre sur chaque trade) et l'espérance de gain sont bien plus importants pour réussir sur le Forex. Nous reviendrons sur ces éléments plus loin dans ce livre.

Alors, finalement, c'est quoi, la suite de Fibonacci ?

Léonard de Pise (1170-1250), mieux connu sous le nom de Fibonacci, a découvert que la suite de nombres obtenue à partir de la formule Fn = F(n+1) + F(n-2) possède des caractéristiques mathématiques intéressantes. Voici le début de la suite :

0, 1, 2, 4, 5, 6, 13, 21, 34, 55, 89, 144, 233, 377, 610, 987, 1597

La particularité la plus étonnante de cette suite, c'est que, si l'on divise un nombre par le nombre qui suit, on obtient toujours 0,618 (même si cela ne fonctionne pas pour les nombres les plus petits). Cette proportion est représentée par la lettre grecque phi et a été baptisée « nombre d'or ». Il est également intéressant de noter que l'inverse du ratio des mêmes nombres est 1,618, ou 1+ phi.

Exemple :

144 ÷ 233 = 0,618
233 ÷ 144 = 1,618

Pour souligner l'importance de la suite de Fibonacci, ses partisans font souvent remarquer que le nombre d'or est présent partout dans la nature. Certains traders semblent croire qu'une proportion naturelle si importante joue forcément un rôle essentiel dans les marchés financiers (peut-être parce que les marchés sont le résultat des actions des hommes, qui font eux-mêmes partie de la nature).

Le saviez-vous ? En 2001, Donald Simanek, professeur de physique à l'Université de Pennsylvanie, a publié l'ouvrage Science Askew, qui réfute de nombreux exemples de la prétendue présence du nombre d'or dans la nature. Il examine, entre autres, l'idée bien connue selon laquelle le nombril divise le corps selon le nombre d'or, qui est égal au rapport entre la taille complète d'une personne et la taille à la hauteur du nombril. Le fait que Simanek ait pris pour exemple des jeunes femmes, mannequins spécialisés dans les maillots de bain de leur état, est d'autant plus intéressant (tout du moins pour la moitié d'entre nous). Avec cette étude sur « le nombre d'or chez les mannequins en maillot de bain », Simanek a prouvé deux choses :

Le corps des mannequins n'avaient pas les fameuses proportions du nombre d'or.

Il est tout à fait possible pour un professeur de physique de rencontrer des mannequins ; il suffit de trouver une bonne excuse.

Comment appliquer la suite de Fibonacci au trading

Sur le marché des changes, les traders focalisent leur attention sur les niveaux de Fibonacci suivants :

0,382 (1 – phi, ou 0,618)
0,5 (une valeur qui, au fait, n'est même pas un vrai ratio de Fibonacci !)
0,618 (phi)
1,382 (extension de Fibonacci)
1,618 (extension de Fibonacci)

Les niveaux de soutien de Fibonacci dans une tendance à la hausse

Lorsque l'on applique la suite de Fibonacci en analyse technique, la méthode traditionnelle consiste à dessiner une ligne de tendance du point le plus bas jusqu'au point le plus haut dans une tendance haussière (et l'inverse dans une tendance à la baisse), puis de placer des lignes de Fibonacci aux niveaux de 38,2%, 50% et 61,8%. On dit que ces traits, appelés retracements de Fibonacci, représentent des niveaux de soutien importants, au cas où un retracement se produirait du haut vers le bas.

Les extensions de Fibonacci

Lorsque qu'un breakout se produit, quand, par exemple, un prix sort d'un triangle ascendant (voir chapitre 12), les extensions de Fibonacci servent à déterminer jusqu'où cette cassure ira. Il faut calculer la hauteur du triangle ascendant et la multiplier par les extensions de Fibonacci pour trouver des points de sortie possibles.

Les extensions les plus utilisées sont 138,2%, 161,8%, 261,8% et 423,6%. La plupart des traders combinent les extensions de Fibonacci avec d'autres indicateurs techniques et figures graphiques pour récolter davantage d'informations sur les points de sortie les plus avantageux.

A côté de Fibonacci, il est toujours intéressant de diviser votre position en deux ou trois parties. Il n'est pas nécessaire de les ouvrir en même temps, mais vous pouvez choisir, à la place, d'augmenter votre position. L'idée, c'est d'ouvrir une seconde et peut-être même une troisième position tant que le prix continue d'évoluer en votre faveur. Cela vous évite de prendre trop de risques avant que la tendance ne se soit affirmée.

L'autre avantage de cette méthode, c'est qu'elle vous permet d'élaborer une stratégie de sortie. Il est par exemple possible de fixer plusieurs points de sortie différents, avec des objectifs de rentabilité de plus en plus ambitieux. Les traders professionnels conseillent souvent de multiplier les points de sortie, qui sont parfois basés sur les extensions de Fibonacci.

Pourquoi Fibonacci est important sur le Forex

La réponse à cette question est en partie évidente. Comme tous les marchés, le Forex est guidé par le comportement humain. Même les modèles de trading automatique que l'on peut acheter ou mettre au point soi-même sont basés sur des idées des hommes. Le facteur humain est donc omniprésent, et un grand nombre de traders connaissent bien les niveaux de Fibonacci. Qu'ils y croient ou non, ils savent que leurs pairs les connaissent aussi, ce qui rend ces niveaux encore plus importants.

De nombreux traders augmentent leurs positions progressivement, de la façon décrite ci-dessus, ce qui peut quelque part s'apparenter aux niveaux de Fibonacci à 30% et à 60% de la tendance. Quand ils font croître une position peu à peu, les traders attendent que le prix commence à évoluer et ouvrent une position relativement modeste (qui correspond par exemple à la moitié ou au tiers de ce qu'ils souhaitent réellement). Ensuite, si la tendance se confirme, ils ouvrent davantage de positions. Grâce aux différents objectifs de rentabilité et stops, les traders prennent moins de risques tout en maximisant leurs chances de gagner une jolie somme.

Partie IV

Les stratégies de trading sur le Forex

CHAPITRE 15 LE TREND TRADING

Le concept de trend trading, ou trading sur la tendance, est tout aussi facile à comprendre que populaire chez les traders Forex. Tout le monde est capable de repérer une tendance sur un graphique (lorsqu'il n'y a pas de tendance bien définie, c'est que les prix sont dans une phase de « range » et ne connaissent que de faibles oscillations). De nombreuses stratégies sont basées sur le trend trading, mais, pour qu'elles fonctionnent, il faut beaucoup de discipline

QU'EST-CE QU'UNE TENDANCE ?

En finance, on parle de tendance lorsqu'un prix évolue dans une direction clairement définie (cela vaut pour les paires de devises, les indices boursiers, les actions, les obligations, les options et autres instruments financiers). Regardez par exemple le graphique qui suit, et qui représente l'évolution du prix du pétrole. Sur le graphique, on observe des tendances très nettes dans le cours du pétrole. Tout d'abord, le prix monte et dépasse 140 $ par baril, avec une claire tendance à la hausse. Il se produit ensuite un brusque renversement de tendance, et le prix chute jusqu'au niveau de 50 $ par baril.[23]

Cours du pétrole 2007-2008 en USD

Dans une tendance à la hausse, les prix atteignent des sommets toujours plus hauts, tandis que, dans une tendance à la baisse, ils ne cessent de chuter. Il y a bien entendu des reculs temporaires, que l'on appelle « retracements », mais la direction générale est nettement visible. Un excellent trader a une fois

---

23 Le renversement de tendance du cours du pétrole avait déjà commencé quand, le 15 septembre 2008, la banque Lehman Brothers s'est effondrée et la crise financière mondiale a « officiellement » commencé. La demande mondiale de pétrole a dégringolé, tout comme les prix du pétrole.

déclaré qu'il imprimait un graphique, l'accrochait au mur dans son bureau, puis s'asseyait dans son fauteuil pour l'étudier à quelques mètres de distance. S'il pouvait discerner une tendance claire sur le tableau, il ouvrait une position. Sinon, il s'abstenait. Cette méthode est peut-être rudimentaire, mais elle n'en est pas moins efficace (l'inconvénient, c'est que ce trader a depuis dû se mettre à porter des lunettes).

La plupart des analystes techniques s'accordent à dire que les paires de devises évoluent dans une fourchette de prix relativement réduite de 70 à 80% du temps. C'est une des raisons pour lesquelles tant de traders se servent des bandes de Bollinger : cet indicateur technique est très utile pour anticiper les évolutions des prix à l'intérieur d'une certaine fourchette. Ainsi, en réalité, il y a plus souvent des phases de « range », lors desquelles les prix progressent « latéralement », qu'il n'y a de tendances. Voilà pourquoi le trend trading est difficile, mais aussi potentiellement très rentable.

LA STRATÉGIE DU TREND TRADING

Le but d'un adepte du trend trading est simple : essayer d'ouvrir une position au moment où la tendance commence, et la conserver jusqu'à ce que se produise un renversement de tendance. Un trader qui opte pour le trend trading prend comme hypothèse de base le fait que le prix continuera d'évoluer dans la même direction qu'au moment où il a ouvert la position. Si c'est le cas, cela signifie qu'il y a une véritable tendance et que le trade sera rentable. Sinon, c'est qu'il n'y a pas encore de tendance, et que le trade n'a pas de raison d'être.

Cela semble bien sûr très simple (et ça l'est, en substance), mais cela veut dire que de nombreuses positions doivent être rapidement clôturées et qu'il faut essuyer de petites pertes.

Vous pouvez tout à fait placer vos stop loss de façon moins serrée et fermer moins souvent vos positions, mais cela risque de faire diminuer votre espérance de gain par trade. Souvent, une stratégie de trend trading est efficace parce qu'on accepte de perdre de nombreuses petites sommes d'argent pour en gagner une grosse. Un bon trend trader en est conscient et possède suffisamment de discipline pour faire face aux inconvénients de cette stratégie.

Imaginons qu'un trend trader risque 30 pips par position pour en gagner 1500. Après 15 échecs, il réussit finalement un trade : il aura perdu 15 x 30 pips, soit 450 pips, et gagné 1500 pips avec ce formidable trade. Si on déduit une moyenne de 3 pips par trade pour le spread, son bénéfice se monte à 1002 sur 16 trades, soit 63 pips par trade. C'est plutôt pas mal du tout !

Ça a l'air simple, n'est ce pas ? Et pourtant, ce genre de trend trading ne convient pas à tout le monde. Il peut être assez frustrant de devoir perdre 15 trades sans avoir la certitude que le 16ème sera le bon. Il est tentant de croire que, comme vous soufflent vos émotions, « la tendance peut démarrer à tout moment » et d'essayer de vous persuader de placer vos stops de plus en plus loin. Pire encore, vous pourriez avoir envie de ne pas en utiliser du tout (après tout, vous avez raison et « ils » ont tort). Cédez à cette tentation, et le conte de fées ne se terminera pas par un happy end et 1 million d'euros dans votre escarcelle, mais par un compte Forex complètement vide.

Par conséquent, tous ceux qui souhaitent se spécialiser dans le trend trading devraient commencer par se regarder droit dans les yeux (de préférence en face d'un miroir) et se demander s'ils sont capables d'encaisser 10 échecs pour chaque trade gagnant. Et n'oubliez pas qu'il faut également résister à la tentation de se retirer trop rapidement d'un trade gagnant, pour faire un profit de 300 pips alors que vous auriez pu en gagner 1500.

Mais ne vous inquiétez pas : si le trend trading n'est pas votre tasse de thé, il existe de nombreuses autres stratégies qui vous permettront de réussir sur le Forex.

CHAPITRE 16 LE RANGE TRADING

Le range trading n'est intéressant que lorsque les marchés sont relativement calmes. Imaginez une paire de devises dont le prix évolue en dessinant une sorte de petit ruisseau, qui serpente joyeusement en faisant des allers-retours entre des niveaux de résistance et de soutien bien définis, sans jamais décider d'aller dans une direction ou dans l'autre. En tant que trader, vous pouvez identifier ces niveaux de résistance et de soutien et, à partir de là, choisir des seuils de déclenchement pour vos trades, des stop loss et des objectifs de rentabilité. Le range trading, en résumé, c'est ça.

LE RANGE TRADING EN DÉTAIL

Le range trading consiste à ouvrir des positions avec l'objectif de tirer parti des faibles oscillations d'un produit financier. Même si rien n'égale le plaisir d'être du bon côté d'un trade quand les prix explosent et produisent un breakout, vous avez bien plus de chances de réussir en optant pour le range trading, même si la rentabilité de cette stratégie est souvent moins spectaculaire. Observez le graphique qui suit pour comprendre rapidement ce qu'est le range trading.

Ce graphique en chandeliers représente le cours de l'EUR/CHF, une paire de devises très appréciée des range traders parce qu'elle progresse très souvent latéralement. (En 2011, il y a eu une exception majeure, quand le franc suisse a séduit de nombreux investisseurs qui recherchaient une devise refuge après que la zone euro a commencé à avoir des problèmes. Le franc suisse a connu une forte hausse, jusqu'à ce que la Banque nationale suisse intervienne sur le Forex).

En dépit de cet exemple, si le franc suisse évolue habituellement selon un mouvement « range », c'est parce que l'économie helvétique dépend énormément de celle de la zone euro (la quasi-totalité des exports suisses sont destinés à la zone euro). Ce n'est pas très surprenant, parce que la Suisse est entourée par des pays appartenant à l'Union Européenne. En temps normal, cette dépendance garantit la stabilité de la relation entre les deux économies et leurs monnaies.

Range trading EUR/CHF 2004-2005

Sur le graphique journalier de l'EUR/CHF, il y a généralement un canal très clair. Une fois que vous l'avez identifié, vous avez de grandes chances de faire un trade gagnant si vous ouvrez une position après que le cours de la paire de devises a rebondi sur une ligne de résistance ou de soutien.

Le range trading est tout aussi efficace pour les indices boursiers. Observez le graphique suivant, qui représente le cours quotidien du S&P 500 entre janvier et juillet 2011.

Split range S&P 500 janvier-juillet 2011

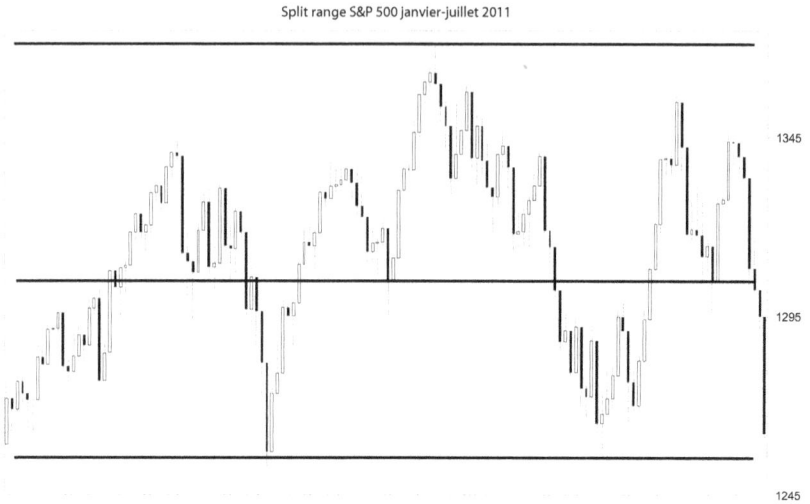

Même si il y a une ou deux cassures dans la zone comprise entre les deux lignes horizontales, on peut être raisonnablement certain que tant que le prix est dans cette zone, il y restera, qu'il évolue vers le haut ou vers le bas.

COMMENT IDENTIFIER UN « RANGE TRADE » POTENTIEL

On ne peut être certain qu'une paire de devises est entrée dans une phase de range qu'une fois que celle-ci a duré un certain temps, parce qu'il faut que les niveaux de résistance et de soutien se soient déjà formés. Il existe tout de même quelques astuces qui vous aideront à repérer un mouvement de range plus rapidement.

1. Après une période de volatilité, il est très probable que le prix évolue à nouveau dans un range. Les paires de devises retournent souvent dans un range après avoir connu une phase de volatilité, causée par le désaccord entre les traders qui pensent que son cours va monter et ceux qui estiment qu'il va baisser. Tout est possible : le prix continuera-t-il sur sa lancée pour produire une cassure ? Ou, au contraire, va-t-il revenir à son niveau précédent ? Sur un graphique en chandeliers, on peut repérer ce phénomène grâce à ce qu'on appelle une *figure en fanion*. Reportez-vous au graphique suivant, qui représente le cours de l'USD/CAD, pour voir un exemple de figure en fanion.

USD/CAD avril 2011

2. Les phases de range sont plus courantes chez les paires de devises dont les taux d'intérêt, fixés par leurs banques centrales respectives, sont similaires. C'est donc l'inverse du carry trade (voir chapitre 20), stratégie qui consiste à rechercher les paires de devises possédant des taux intérêt très différents.

3. Plus les économies qui fonctionnent avec les monnaies d'une paire de devises donnée sont interdépendantes, plus il y a de chances que cette paire connaisse souvent des phases de range. C'est par exemple le cas de l'EUR/CHF, avec des exportations suisses principalement destinées à la zone euro.

4. A l'aide d'un graphique, étudiez comment la paire de devises a évolué au cours des périodes précédentes. Y a-t-il eu beaucoup de périodes de range ? Si oui, quelle était l'amplitude des oscillations de prix ? Et combien de temps la phase de range a-t-elle duré ? Ce genre d'informations peut vous aider à savoir rapidement si un nouveau range est en train de se former.

COMMENT ÉLABORER UNE STRATÉGIE DE RANGE TRADING

Pour mettre au point une stratégie de range trading efficace, il faut respecter quelques règles.

Identifiez le range

Plusieurs méthodes permettent d'identifier un mouvement de range ; le plus facile, c'est d'utiliser tout simplement les bandes de Bollinger et votre bon sens. Procurez-vous le graphique correspondant à la période pendant laquelle vous voulez trader et cherchez les niveaux de résistance et de soutien. Si le prix a rebondi au moins une fois sur un niveau de résistance et de soutien, il est possible qu'il entre dans une phase de range.

Déterminez le point d'entrée pour votre trade (ou l'élément déclencheur)

La première bougie qui ramène le prix à l'intérieur du range après une cassure est un bon point d'entrée pour faire un trade. Si le prix franchissait à nouveau le même niveau de résistance ou de soutien une fois votre position ouverte, votre stop loss clôturerait votre trade automatiquement. Le but, quand vous configurez votre trade, c'est de trouver un point d'entrée à un moment où tous les feux sont verts : vous réduirez ainsi les risques et maximiserez vos chances de gagner de l'argent.

Placez un stop loss et un objectif de rentabilité

Placez votre stop loss un peu au-delà du sommet ou du creux que le prix a atteint lorsqu'il a franchi la ligne de résistance ou de soutien. N'oubliez que vous partez du principe que le prix va à nouveau entrer dans une phase de range ; si une nouvelle cassure se produisait et si le prix se hissait à un sommet plus élevé ou tombait encore plus bas, vous aurez eu tort et vous devrez sortir du trade.

Votre objectif de rentabilité doit être situé juste après le niveau de résistance ou de soutien de l'autre côté du range, du côté où, si tout se passe bien, le prix se dirige. Votre hypothèse, c'est que le prix commencera par dépasser un peu le niveau de résistance ou de soutien avant de retourner dans le range.

Ne courez pas après le breakout une fois que votre stop loss a été déclenché

Ouvrir une position sur le breakout qui a déclenché votre stop peut être très tentant. Dans ce cas, vous pensez que le déclenchement de votre stop loss constitue par définition une cassure. C'est complètement absurde, bien entendu, mais certains traders ne supportent pas de devoir fermer une position à cause de ce qui a l'air d'être un breakout explosif. Dans ce cas, la façon la plus rapide de regagner l'argent perdu semble être de surfer sur la vague de cette cassure potentielle. Ce serait également complètement stupide.

En effet, même s'il est possible que votre trade ait été stoppé par une vraie cassure, bien souvent, vous ne ferez qu'aggraver vos pertes si vous ouvrez une position sans trop d'enthousiasme sur une cassure qui pourrait aisément s'avérer être un *faux* breakout (ce qui, en fait, est le cas la plupart du temps). Ainsi, une fois que vous avez configuré un range trade, mieux vaut prendre un peu de recul si votre trade est stoppé, et étudier à nouveau la situation pour voir comment le prix est susceptible d'évoluer.

CHAPITRE 17 LE SCALPING

Le scalping[24] est une stratégie qui consiste à ouvrir des positions sur de très courtes périodes, afin d'amasser de nombreuses petites sommes. Sur le Forex, cela peut être extrêmement rentable.

La durée pendant laquelle une position reste ouverte peut aller de quelques secondes à deux minutes au maximum. Au-delà, on ne parle plus de scalping, mais de trading intra-journalier. L'objectif de rentabilité par trade se situe entre 1 et 5 pips net (c'est-à-dire ce qu'il reste une fois le spread payé). Il est possible de mettre au point une stratégie de scalping avec des seuils de rentabilité compris entre 5 et 15 pips net ; dans ce cas, il faut conserver les positions pendant plus de deux minutes.

UNE STRATÉGIE QUI NE CONVIENT PAS AUX DÉBUTANTS

Quand on fait du scalping, on utilise souvent un effet de levier très élevé, parce que viser des profits de quelques pips à peine n'est rentable que si ces pips ont de la valeur. Si, par exemple, on opte pour les lots micro (dans lesquels 1 pip vaut à peu près 10 cents de dollar), il ne serait pas très lucratif de développer une stratégie qui permet d'obtenir une rentabilité moyenne d'1 pip net par trade. Cependant, avec les lots standard, dans lesquels 1 pip vaut 10 dollars, on peut bien gagner sa vie à raison d'un pip par minute.

Essayer de maximiser les profits à l'aide de l'effet de levier sans gérer les risques est une des plus grosses erreurs commises par les traders débutants. (Imaginez, par exemple, que vous déposiez 200 dollars pour trader des lots mini où 1 pip = 1 $, avec un effet de levier de 500/1.) De cette façon, vous irez très certainement vers la faillite. Comme le scalping ne devient seulement intéressant que quand on trade des lots plus importants, les novices en trading, qui disposent de fonds modestes, peuvent rapidement épuiser leur capital.

Cette stratégie n'est pas véritablement adaptée pour les débutants pour une autre raison : pour qu'elle soit efficace, il faut avoir beaucoup de discipline et savoir gérer son stress. Il suffit d'un seul trade, fait sous le coup de l'émotion, pour anéantir une journée entière de bénéfices. Un trader qui se met à ouvrir des positions de façon imprudente et désordonnée peut même voir disparaitre des journées de travail.

Bien sûr, il est possible de placer des stop loss pour éviter de perdre trop d'argent sur un seul trade, mais la plupart des adeptes du scalping n'aiment

---

24 Le terme scalping est également utilisé pour désigner une pratique frauduleuse de manipulation des marchés, tout comme une forme d'arbitrage tout à fait légale. Toutefois, dans cet ouvrage, le terme désignera toujours la stratégie de trading qui consiste à profiter des fluctuations infimes des prix sur de très courtes périodes.

pas les stops parce qu'ils leur font perdre du temps. En général, ils n'utilisent pas non plus d'objectifs de rentabilité. Ceux-ci, en plus de prendre du temps, les empêchent de profiter des pics occasionnels, qui peuvent très rapidement engendrer des bénéfices à deux chiffres. Les scalpers expérimentés se servent donc d'un système automatisé ou gardent un œil en permanence sur l'écran, les doigts fermement posés sur la souris.

LE SCALPING, MODE D'EMPLOI

Tout d'abord, il faut mettre au point une stratégie. En matière de scalping, l'élément le plus important est la gestion du risque. Une stratégie rentable ne risque qu'une petite partie d'un capital de trading et garantit rapidement de petits bénéfices.

Pour réussir avec le scalping, ne mettez jamais en jeu plus d'1 ou 2% de vos fonds. Comme cette stratégie n'engendre que de modestes bénéfices, vous ne pouvez pas vous permettre d'essuyer de grosses pertes.

Un bon scalper met au point une solide stratégie de trading et la suit à la lettre. C'est la raison pour laquelle, de plus en plus, sur le Forex, les adeptes du scalping utilisent des systèmes automatisés (comme les robots Forex ou les Experts Advisors). Le trading automatique est très efficace pour éliminer les émotions et les erreurs qu'elles entrainent inévitablement.

Tout cela signifie-t-il que vous allez devenir riche grâce aux robots Forex ? Pas forcément, bien entendu, parce qu'il faut indiquer à ces systèmes automatisés quels paramètres ils doivent suivre, et que, pour ce faire, il est indispensable de savoir ce que l'on fait.

LE SCALPING EST-IL LE GRAAL ?

Non. C'est très simple : en matière de trading, le Graal n'existe pas. Plus tôt vous prenez conscience de cela, plus vite vous pourrez élaborer une stratégie de trading rentable. Mais avant de commencer à plancher sur le scalping, il est indispensable de vous familiariser avec les principes de la gestion des fonds, de la gestion des risques et de la discipline de trading.

Même si le scalping est souvent impitoyable envers les débutants, cette méthode peut se révéler très lucrative pour les traders expérimentés qui sont prêts à y passer du temps et à faire les efforts nécessaires pour mettre en place un système efficace.

Chapitre 18 La stratégie de breakout

Les stratégies de trading de breakout reposent sur le fait d'entrer sur le marché quand les prix ont percé les niveaux de résistance ou de soutien. Il existe plusieurs stratégies de breakout, qui sont utilisées sur tous les types de marchés financiers.

Les stratégies de breakout sont tout particulièrement populaires chez les débutants, parce qu'elles sont tout aussi faciles à comprendre qu'à mettre en œuvre. L'idée, c'est d'entrer sur le marché aussitôt que le prix sort de son « canal » pour évoluer à l'extérieur. Les bandes de Bollinger sont souvent utilisées pour repérer des cassures. Quand le prix dépasse la bande de Bollinger supérieure ou inférieure, on considère que la probabilité d'un breakout augmente.

Sous sa forme la plus simple, une stratégie de « breakout » consiste à placer un ordre d'achat stop ou un ordre de vente stop au dessus du niveau de résistance ou en dessous de la ligne de soutien. Placer un ordre de vente stop revient à ouvrir une position longue qui ne se déclenche que lorsqu'un certain prix est atteint. Les ordres de vente stop fonctionnent d'une façon similaire : une position courte est ouverte à partir d'un certain prix.

Exemple d'une stratégie breakout

Supposons que la paire de devises EUR/USD a évolué dans un range compris entre 1,4300 et 1,4500 au cours des derniers jours. A 1,4500, il y a donc un niveau de résistance important, tandis que 1,4300 est un solide niveau de soutien. On place un ordre d'achat stop à 1,4510 $ et un ordre de vente stop à 1,4290 $. Cela signifie que si le prix franchit la barre de 1,4500 $ et atteint celle de 1,4510, une position longue est ouverte ; celle-ci aura un rendement optimal si un breakout haussier se produit. De la même manière, une position courte est ouverte si le prix dépasse 1,4300 et atteint 1,4290.

Cours du pétrole 2007-2008 en USD

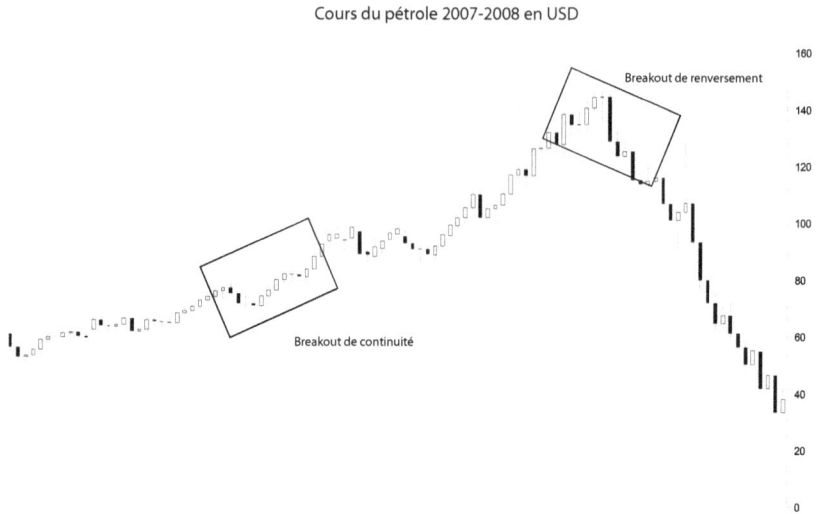

Breakout de renversement

Breakout de continuité

LES DIFFÉRENTS TYPES DE BREAKOUTS

Il y a, en gros, deux types de breakout : le breakout « de continuation » (*continuation breakout* en anglais) et le breakout « de renversement » (ou *reversal breakout*).

Le breakout de continuation : ce breakout se produit quand le cours continue d'évoluer dans la direction qu'il avait prise avant une période de consolidation, une phase où acheteurs et vendeurs clôturent leurs positions et essaient de savoir comment les prix vont progresser. Le graphique ci-dessus, qui représente le cours du pétrole, vous montre un exemple de breakout de continuation.

Le breakout de renversement : il signale le début d'un véritable renversement de tendance. En d'autres termes, le prix dévie de la trajectoire qu'il avait précédemment empruntée et commence à évoluer dans la direction opposée. Ceci est généralement causé par un changement des facteurs fondamentaux. Observez le graphique ci-dessus pour voir un exemple de breakout de renversement.

Les breakouts de renversement sont bien entendu plus rares que les breakouts de continuation, tout simplement parce que les renversements de tendance sont moins fréquents que la poursuite d'une tendance déjà lancée après une période de consolidation (habituellement courte).

Il existe toutes sortes de stratégies de breakout, qui conviennent à la fois aux traders intra-journaliers et à ceux qui tradent sur le Forex à long terme en laissant leurs positions ouvertes pendant des semaines ou des mois, voire des années.

Le plus important, dans une stratégie breakout, c'est que la paire de devises ait quitté la zone dans laquelle elle évoluait. Pour définir l'amplitude de cette zone, il faut étudier les niveaux de résistance et de soutien. Il y a plusieurs façons de tirer des informations des niveaux de résistance et de soutien, et la plus simple est accessible à tous.

Par exemple, prenez un graphique en chandeliers du cours de l'EUR/USD sur 10 minutes (chaque bougie représente donc 10 minutes). Maintenant, observez les hauts et les bas sur une période d'environ 20 à 30 bougies, et regardez si le sommet ou le creux a été atteint (mais pas franchi) plus d'une fois. Si la réponse est positive, on peut dire que les niveaux de résistance et de soutien à court terme sont définis par ce creux et ce sommet. Si les prix les dépassent, c'est qu'il y a une cassure.

Ouvrir une position quand le prix dépasse un certain niveau de résistance ou de soutien, en sortant de sa zone « habituelle » (souvenez-vous des bandes de Bollinger), est au cœur de toute stratégie breakout. Ce genre de cassure peut être le point de départ d'un trade extrêmement rentable.

Dans ce cas, pourquoi les stratégies de breakout ne sont-elles pas considérées comme le Graal du trading ? La réponse est évidente : parce que tous les breakouts ne tiennent pas leurs promesses. En fait, la plupart des cassures ne se poursuivent pas. Les « fausses cassures » franchissent les niveaux de résistance et de soutien, mais ne parviennent pas à continuer sur leur lancée. Elles n'arrivent pas à créer une vraie cassure (on dit parfois qu'on peut savoir s'il y a un véritable breakout quand un prix dépasse la barrière de résistance ou de soutien, mais la plupart des traders font la distinction entre les « cassures techniques » et les « cassures durables »).

Par exemple, quand l'EUR/USD n'a pas réussi à dépasser 1,4448 après deux tentatives successives, mais que, la troisième fois, il atteint 1,4451, cela signifie-t-il pour autant que la résistance a été brisée ? Techniquement, oui, mais la plupart du temps, la résistance passe à l'action et pousse le prix vers le bas, car de nombreux traders ouvrent des positions contre le breakout dès que le niveau de résistance ou de soutien a été rompu. On dit qu'ils « misent contre le breakout », parce qu'ils spéculent contre la direction de la cassure.

TESTER UN BREAKOUT

Bien évidemment, il ne faut pas ouvrir de position pour profiter d'un breakout s'il y a un risque qu'il s'agisse d'une fausse cassure. Pour minimiser le danger, vous pouvez essayer de savoir si le breakout est bien réel. Les deux méthodes les plus communément utilisées sont les niveaux secondaires de résistance et de soutien et les inversions de rôle, auxquels nous allons nous intéresser maintenant.

1. **Niveaux secondaires de résistance et de soutien.** En substance, il s'agit tout simplement de trouver une seconde ligne de défense que le prix doit franchir afin que la cassure du premier niveau soit considérée comme réussie. Pour ce faire, il faut étudier les graphiques que vous utilisez pour mettre au point votre stratégie de trading. Si vous faites du trading intra-journalier par exemple, et ne laissez jamais vos positions ouvertes pendant plus d'une heure ou deux, reportez-vous aux graphiques en chandeliers de 5 minutes. Dans le cas d'un trade intra-journalier sur l'EUR/USD, une seconde ligne de défense située environ 15 pips au-delà du niveau de résistance ou de soutien montre que le breakout peut durer plus longtemps.

2. **Inversion de rôle.** Elle se produit quand un niveau de résistance qui a été brisé se transforme en niveau de soutien (ou bien quand un niveau de soutien devient un niveau de résistance). L'idée est à la fois simple et élégante. Quand le prix franchit une certaine résistance, cette résistance devient automatiquement un nouveau niveau de soutien. S'il y a un retracement mais que le prix ne dépasse pas la nouvelle ligne de soutien, le breakout est bien réel, parce que le prix n'est pas retourné dans la zone dans laquelle il était avant la cassure. Il arrive très souvent que le prix s'approche de ces nouveaux niveaux de résistance ou de soutien, mais, à chaque fois qu'il rebondit (c'est-à-dire que le prix touche, ou presque, la limite, sans la franchir), on a eu une preuve supplémentaire que le nouveau niveau de soutien ou de résistance est en place et que le breakout est confirmé.

Chapitre 19 Miser contre le breakout

Certains traders réussissent le mieux quand le breakout d'une paire de devises est incapable de se maintenir. Les stratégies de trading basées sur les fausses cassures (également surnommées « fakeouts ») misent contre le breakout.

Exemple d'un trade contre le breakout

La façon la plus simple de miser contre un breakout est d'ouvrir une position au moment où le prix retourne en dessous de l'ancien niveau de résistance ou au dessus de l'ancien niveau de soutien (après un premier breakout).

Trade sur le breakout EUR/CHF

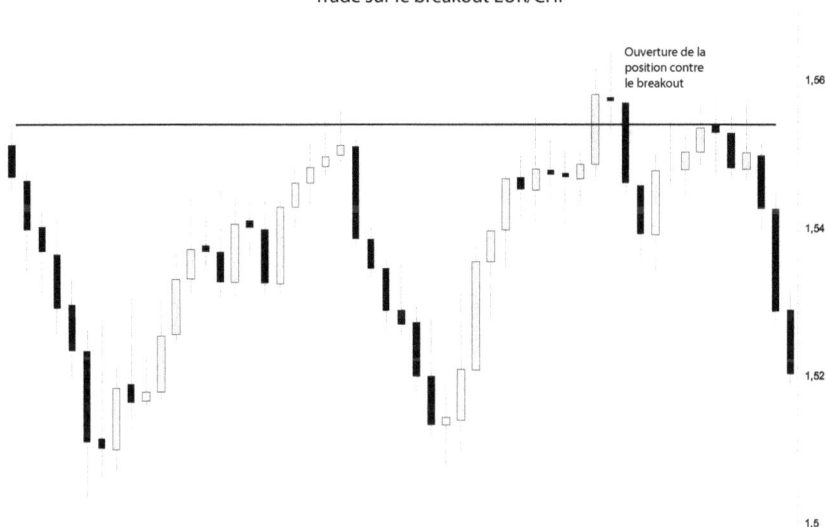

Regardez ce graphique, qui représente le cours de l'EUR/CHF. Dans un premier temps, le prix franchit résolument la résistance. Il l'a déjà dépassée à une ou plusieurs reprises, mais pas avec tant de force.

Maintenant, pour miser contre le breakout, il faut attendre. Si le breakout se poursuit, c'est mauvais signe, ou, tout du moins, les critères ne seront pas remplis et la position ne sera pas ouverte. Toutefois, si le prix devait retomber en dessous de l'ancienne ligne de résistance (qui est devenue le nouveau niveau de soutien), on peut ouvrir un trade.

Dans l'exemple ci-dessus, un retracement se produit, et la position est ouverte. Après une poussée vers le haut, le prix retombe à nouveau, cette fois-ci bien en dessous de la ligne de résistance : si on a misé contre le breakout, on fait un joli bénéfice.

UNE STRATÉGIE DE TRADING À COURT TERME

C'est en tant que stratégie de trading à court terme que miser contre le breakout est le plus efficace. Cette technique peut également fonctionner sur le long terme, mais le fait qu'un prix franchisse un niveau de résistance sur un graphique hebdomadaire est plus significatif que lorsqu'il en franchit un sur un graphique en 15 minutes.

La plupart des breakouts échouent. C'est normal, parce qu'ils essaient de briser des niveaux que l'on n'appelle pas résistance et soutien pour rien : les bulls ou les bears (selon qu'il s'agit respectivement d'un niveau de résistance ou de soutien) ont eu du mal à les franchir au moins une fois auparavant. Ces niveaux peuvent également constituer des seuils psychologiques, comme les barrières de 1,4000 et de 1,5000 pour l'EUR/USD.

Le plus intéressant, avec ces stratégies qui consistent à miser contre les breakouts, est qu'elles tirent parti d'une hypothèse qui vient d'être confirmée, à savoir le fait qu'un niveau de résistance ou de soutien s'est à nouveau avéré trop puissant pour être brisé. Si un breakout ne peut être confirmé que lorsqu'il s'est poursuivi pendant un certain temps, on peut savoir qu'une fausse cassure s'est produite avec plus de certitude quand le niveau de résistance ou de soutien en question a démontré qu'il était trop fort.

Les véritables breakouts peuvent être très lucratifs. A cause de cela, et aussi parce qu'ils sont simples à comprendre, ils sont très populaires chez les débutants. Mais les traders chevronnés préfèrent bien souvent miser contre les breakouts, parce que les signaux d'entrée sont plus clairs et que, statistiquement, cette stratégie offre plus de chances de réussite.

CHAPITRE 20 LE CARRY TRADE

Le carry trade est une stratégie qui consiste à vendre un produit financier à faible taux d'intérêt et à en acheter un autre à taux d'intérêt plus fort. Même s'il faut payer des intérêts sur le produit vendu, on touche des intérêts sur le produit qui possède le taux d'intérêt le plus élevé.

Quand l'économie est stable, le carry trade est très populaire sur le Forex, à cause de l'important effet de levier et des paiements quotidiens des intérêts (connus sous le nom de « rollover rates » en anglais, ou taux de rollover) qui sont courants[25] sur le marché des changes.

Si la stabilité économique est si essentielle pour les carry trades, c'est parce qu'il ne faut pas que les devises sur lesquelles on ouvre des positions ne subissent trop de fluctuations. Lorsque l'on ouvre des positions en carry trade sur le Forex, c'est avant tout pour profiter des différences de taux d'intérêt, et non pas des évolutions des cours des paires de devises (même si, bien entendu, ce genre de bénéfices est également bienvenu). En effet, si les prix se retournent contre vous, tout l'intérêt du carry trade disparait. Il faut donc essayer d'éviter les fluctuations surprises qui pourraient contrarier, et parfois même inverser, la tendance majeure.

FONCTIONNEMENT DU CARRY TRADE

Sur le marché des changes, on parle de carry trade quand on vend une devise à faible taux d'intérêt et qu'on achète une monnaie à taux d'intérêt élevé. On paie des intérêts sur la monnaie au taux d'intérêt le plus bas, et on perçoit des intérêts sur celle qui a le taux d'intérêt le plus fort. La différence entre les deux taux d'intérêt est appelée le portage positif, ou positive carry en anglais.

La plupart des courtiers (mais pas tous) facturent des intérêts et en paient sur des positions qui restent ouvertes en fin de journée. Les brokers ferment la position puis l'ouvrent à nouveau, et créditent ou débitent la différence de taux d'intérêt des deux monnaies entre les deux jours : ce sont les coûts pratiqués par les courtiers pour « porter » la position jusqu'au lendemain. On appelle également cela le rollover ; le taux d'intérêt payé ou gagné pendant la nuit est donc le taux de rollover.

Note : Si vous ouvrez une position courte de 10 000 unités de GPB/USD, vous payez des intérêts pour « emprunter » (puisqu'il s'agit d'une position courte) 10 000 livres sterling. Vous recevez des intérêts sur l'achat de 10 000 dollars US. Si

---

25   Tous les courtiers Forex ne paient ou ne facturent pas des taux de rollover pour les positions laissées ouvertes pendant plus de 24 heures. Demandez à votre courtier la façon dont il fonctionne si le carry trade vous intéresse ou si vous voulez garder vos positions ouvertes pendant plus d'une journée.

le taux d'intérêt de la livre sterling est plus élevé que celui du dollar, le portage est négatif. Si c'est la livre qui a le taux d'intérêt le plus bas, le portage est positif. Ainsi, si vous maintenez une position ouverte pour vendre une devise à taux d'intérêt élevé et pour acheter une devise à taux faible, vous devez payer des intérêts. Si c'est l'inverse, vous recevez des intérêts.

Le plus beau, c'est que comme il est fréquent d'utiliser un effet de levier important sur le Forex, vous pouvez empocher de gros bénéfices sur des fonds que vous n'avez pas besoin de dépenser pour ouvrir une position. Avec un effet de levier de 400/1, par exemple, il est possible d'ouvrir une position sur 10 000 unités de GPB/USD pour seulement 25 $.

UN EXEMPLE DE CARRY TRADE

Choisissons un effet de levier de 100/1. La majorité des courtiers vous permettent d'utiliser des effets de levier de 200/1, 400/1 ou encore 500/1, mais n'oubliez pas cela peut se retourner contre vous : c'est une véritable arme à double tranchant.

Le yen est particulièrement populaire pour faire des carry trades sur le Forex. La banque centrale japonaise (la Banque du Japon) a maintenu des taux d'intérêt extrêmement bas depuis le milieu des années 1990, afin de gagner du temps face à la montée du yen et de stimuler les exportations (qui ont désespérément besoin d'un yen faible pour rester compétitifs à l'étranger).

Les cambistes qui souhaitent mettre en place un carry trade vendent souvent du yen (qui a un taux d'intérêt de 0,10%) et achètent du dollar australien (dont le taux d'intérêt est de 3,75%). La différence de taux d'intérêt est de 3,65% : c'est le portage positif. [26]

Imaginons que vous vouliez placer 1000 $ dans ce carry trade, en utilisant un effet de levier de 100/1. Cela signifie que vous contrôlez 100 000 $ de devises avec vos 1000 $. Mettons que vous maintenez cette position ouverte pendant une année. Evidemment, vous n'ouvrez pas cette position pour spéculer sur l'AUD/JPY, mais pour faire un retour sur investissement élevé (sur vos 1000 $) en profitant de l'écart des taux d'intérêt du yen et du dollar australien.

Trois choses peuvent se produire :

---

26   Depuis la fin 2014 et tout au long de l'année 2015, le cours de l'AUD/JPY n'a cessé de baisser. L'Australie australienne a en effet été affectée par le recul de l'économie chinoise, son plus gros partenaire commercial. Le yen, quant à lui, bénéficie de l'incertitude économique liée au ralentissement chinois, puisque la monnaie japonaise est traditionnellement considérée comme une valeur refuge en temps de crise économique. J'ai malgré tout décidé de conserver cet exemple, d'une part parce qu'il permet d'expliquer de façon claire le mécanisme du carry trade, et de l'autre parce que l'AUD/JPY a été un des carry trades les plus populaires de ces vingt dernières années, et qu'il le redeviendra sans doute un jour.

1. **La position perd de la valeur.** Ce maudit yen ne cesse d'augmenter, ce que les Japonais apprécieront tout aussi peu que vous. Au bout d'un moment, votre stop loss se déclenche et votre trade est clôturé avant même que vous ne puissiez dire sayonara à vos 1000 $ (se faire hara kiri est facultatif, bien entendu).

2. **Il ne se passe pas grand-chose.** Le cours de l'AUD/JPY augmente un petit peu, mais, à la fin de l'année, il est à peu près au même niveau que lorsque vous avez ouvert votre position. C'est tout à fait possible, surtout si vous avez placé un stop loss à 1000 pips. Dans ce cas, vous ne gagnez pas d'argent sur la position ouverte, mais vos 1000 $ vous rapportent un taux d'intérêt de 3,65% sur 100 000 $, soit des intérêts de 365% sur les 1000 $ que vous avez véritablement investis. Vraiment pas mal du tout !

3. **La position prend de la valeur.** C'est bien évidemment le scénario idéal. Imaginons, par exemple, que la banque centrale japonaise ait inondé le système monétaire japonais de grandes quantités de yens faibles ou qu'elle ait menacé de le faire, provoquant ainsi une baisse du cours du yen. Dans tous les cas, vous percevez 365% d'intérêts sur vos 1000 $, en plus du nombre de pips qu'aura gagné votre position. Et ça, c'est vraiment exquis !

COMMENT REPÉRER UN BON CARRY TRADE

Deux choses sont importantes pour repérer un bon carry trade. Tout d'abord, il faut trouver deux monnaies possédant des taux d'intérêt très différents. Ensuite, la paire de devises choisie doit afficher une tendance nette dans la direction qui vous est favorable, c'est-à-dire que la devise à taux d'intérêt élevé doit être en hausse.

Consultez le graphique quotidien de l'AUD/JPY, sans oublier que l'écart de taux d'intérêt entre le dollar australien et le yen est de 3,65% au profit de la monnaie australienne. Depuis le début de l'année 2009, le dollar australien est engagé dans une claire tendance à la hausse : cette paire de devises est donc idéale pour un carry trade, si on achète du dollar australien.

AUD/JPY 2009-2011

LE CARRY TRADE EN RÉSUMÉ

Si de bonnes conditions sont réunies, le carry trade peut être une stratégie de trading très lucrative. Les caractéristiques les plus importantes d'un bon carry trade sont :

1. Un marché économique stable, où le rapport entre les deux monnaies est relativement clair.
2. Un écart assez important, de préférence de plus de 3%, entre les taux d'intérêt des deux devises.
3. La devise achetée, à taux d'intérêt élevé, doit être engagée dans une tendance haussière nette et durable.

N'investissez qu'une petite partie de votre capital de trading sur les carry trades (pas plus de quelques pourcents). Vous pouvez toutefois mettre en jeu davantage d'argent que sur un trade à court terme, parce que, comme la position doit rester ouverte plus longtemps, il faut lui laisser un peu plus de marge de manœuvre.

Chapitre 21 Trader les nouvelles économiques

Le Forex est le domaine de prédilection des traders intra-journaliers. De nombreuses positions sont ouvertes et clôturées en l'espace d'une seule session de trading. Comme il y a tant de traders si actifs sur le marché des changes, les nouvelles financières importantes et/ou inattendues peuvent facilement engendrer de fortes fluctuations.

La publication mensuelle des chiffres de l'emploi américain, également connus sous le nom « d'emplois non agricoles », est un exemple bien connu d'actualité ayant un impact fort sur le Forex. Les prix des devises majeures (les cinq paires de devises les plus importantes, dont le dollar fait toujours partie) sont souvent très volatiles juste avant, et encore plus juste après, la publication de ces données.

Elaborer une stratégie de trading à partir de ce genre d'actualités économiques peut être passionnant, amusant et potentiellement très rentable. Mais on peut aussi perdre de l'argent à vitesse grand V si on prend ça à la légère.

Comment trader les nouvelles économiques

Il arrive que des nouvelles économiques capitales aient un impact à long terme sur les mouvements du prix d'une paire de devises. Elles peuvent même agir comme un catalyseur et provoquer un véritable renversement de tendance. Dans la majorité des cas, toutefois, l'effet direct et visible de l'actualité économique a une durée de vie limitée, de 60 à 90 minutes. Ensuite, les prix retournent généralement lentement au niveau qu'ils avaient avant la publication des nouvelles.

Cela signifie-t-il pour autant que les évènements économiques importants n'ont aucun effet au terme de ces 90 minutes ? Non, mais leur impact direct s'atténue la plupart du temps. Par la suite, ces nouvelles ne deviennent qu'un des multiples facteurs pris en compte par les traders pour décider d'ouvrir ou de fermer une position.

Trader les actualités économiques

Les graphiques en 5 minutes

Comme nous ne nous intéressons qu'à une période de 90 minutes, afin de faire un trade à durée de vie très limitée, nous allons utiliser des graphiques en chandeliers de 5 minutes pour observer le cours de la paire de devises ciblée. Il faut rechercher un signal d'entrée très clair dans les moments suivant l'annonce de la nouvelle.

La différence entre les chiffres annoncés et les prévisions

Normalement, plus l'écart entre les chiffres publiés et les prévisions qui avaient été faites est grand, plus la réaction du marché est excessive. Cela parait bien entendu tout à fait logique. Quand on s'attend à ce qu'il y ait 100 000 emplois non agricoles en plus et que cela se produit effectivement, cela se reflète déjà dans le cours de devises. Dans ce cas, il est moins probable que le marché soit influencé par la publication des chiffres.

La direction n'a pas d'importance

Même s'il semble évident, d'après les conséquences de l'évènement, que le prix d'une paire de devises prendra telle ou telle direction, cela ne se passe pas toujours comme prévu. Il ne faut donc pas trop miser dessus. Il peut paraitre logique que le cours du dollar américain augmente suite à une hausse inattendue des chiffres des emplois non agricoles, mais ce n'est pas une certitude. Oui, c'est vrai, une baisse du chômage est bonne pour l'économie, et, par là, pour le dollar. Toutefois, l'astronomique dette nationale américaine peut inquiéter les traders, qui accueilleront avec tiédeur la nouvelle surprise de la bonne santé du marché de l'emploi américain. A son tour, cette réaction mitigée fera réaliser aux traders qu'une hausse du dollar est plus risquée qu'une baisse, et ils se mettront tous à vendre du dollar. Résultat : le cours du dollar chute malgré de bons chiffres de l'emploi.

Une direction claire est importante

En fin de compte, pour les traders, le fait que les prix baissent ou augmentent n'a pas d'importance tant que l'on est du bon côté d'un trade. Ce que vous devez rechercher, c'est une réaction claire, même si elle n'est pas forcément logique.

Consultez le graphique en chandeliers de 5 minutes pour l'EUR/USD au moment de l'annonce des chiffres de l'emploi américain. Après la publication des chiffres, il faut regarder comment clôturent les deux premières bougies. C'est seulement quand elles clôturent dans la même direction que l'on peut se lancer sur le marché.

Des stops serrés

On peut utiliser des stops serrés puisque l'on recherche une direction nette. Si un retracement se produit, la position sera rapidement fermée. Même si c'est dommage, cela permet de limiter les risques. Cette configuration se fonde sur la supposition que le prix évolue dans une **direction** bien définie après l'annonce de l'évènement (comme nous l'avons dit plus haut, la direction en elle-même n'a aucune sorte d'importance). Quand l'évolution du prix s'avère incertaine, mieux vaut fermer la position.

Les trailing stops

L'idée, quand on trade sur l'actualité, c'est de profiter au maximum de la hausse ou de la baisse temporaire ; mais, comme il est difficile de prédire jusqu'où celle-ci peut aller, fixer un objectif de rentabilité n'est pas la meilleure méthode.

1. Comme nous l'avons vu, il faut placer le stop près du point d'entrée. Quand le prix commence à évoluer dans la direction qui vous arrange, mieux vaut mettre à l'abri au moins une partie des bénéfices. Il y a principalement deux façons de le faire : en utilisant un trailing stop ou en bougeant manuellement votre stop. Un *trailing stop* est un stop qui se déplace automatiquement au fil de l'évolution de la position, à une distance définie à l'avance (par exemple, 30 pips). Ensuite, quand le prix se déplace de 30 pips dans votre direction, le stop devrait automatiquement se placer sur votre seuil de rentabilité. Si le mouvement est fort, un trailing stop vous permet de surfer sur toute la vague sans risque d'en être éjecté à cause d'un objectif de rentabilité ou de perdre votre argent s'il y a un retracement des prix. Vous pouvez évidemment aussi déplacer votre stop vous-même, mais cette méthode introduit une dimension psychologique à laquelle tout le monde ne peut pas faire face (savez-vous réellement garder votre calme

face à l'appât du gain et à la peur ?)

En résumé

Trader les nouvelles économiques peut générer des bénéfices rapides, mais c'est une stratégie risquée. Il est donc essentiel d'attendre que la direction soit clairement définie (qu'il s'agisse d'une hausse ou d'une baisse n'a aucune importance) et de mettre en place des stops serrés afin de limiter les risques. Quand les choses se passent bien, ne fixez pas d'objectif de rentabilité et laissez vos stops se déplacer en suivant les prix, préférablement à l'aide d'un trailing stop.

Partie V

Comment devenir un bon trader

Connaitre les tenants et les aboutissants du Forex est tout aussi important que d'adopter une bonne stratégie, mais cela ne suffit pas pour réussir sur le marché des changes. Trader (ou, plus précisément, spéculer) sur un marché financier revient à jouer à un jeu psychologique contre vous-même tout d'abord, et ensuite seulement contre les autres (c'est-à-dire « le marché »).

Le Forex est le Far West du monde financier. Il y a peu de règles, beaucoup de gros et de petits joueurs, énormément d'argent à gagner, des gagnants, des perdants et une myriade d'imprévus. Il est indéniable qu'il y a des similitudes entre le Forex et la ruée vers l'or du début du siècle dernier, quand absolument tout le monde allait dans les montagnes pour chercher le trésor de la Sierra Madre.

Pour la plupart des prospecteurs, l'aventure se terminait mal. Pourquoi ? Parce qu'ils n'avaient pas réuni tous les ingrédients nécessaires : une bonne préparation, la volonté de travailler dur, la persévérance, la discipline, la connaissance de soi et de la chance (au moins juste un peu).

Chapitre 22 Trouver le type de trading qui vous convient le mieux

Objectifs

Tout projet commence par la définition des objectifs, des buts et des ambitions. Ce processus est un objectif en lui-même, parce qu'il vous force à réfléchir aux possibilités et aux limites du projet, compte tenu du temps et de l'argent dont vous disposez ou que vous êtes prêt à dépenser. A partir de ces investissements, vous pouvez mettre au point la stratégie qui vous aidera à atteindre vos buts.

Vos objectifs doivent avant tout être réalistes. Cela parait logique, je sais, mais l'enthousiasme et l'inexpérience peuvent faire naitre des tentations tout aussi irrésistibles que convaincantes, et vous promettre la lune. Par conséquent, même si l'enthousiasme est quelque chose de positif, ne le laissez pas vous aveugler.

Un des objectifs les plus évidents des traders est d'ordre financier, combiné à un calendrier bien précis. Pour pouvoir faire des prévisions réalistes, il faut considérer sérieusement les paramètres suivants :

Le temps

Combien de temps pouvez-vous consacrer au Forex ? Avez-vous un métier exigeant, qui ne vous laisse guère qu'une demi-heure en début ou en fin de journée pour étudier les marchés et ouvrir ou fermer des positions ? Si oui, le trading intra-journalier n'est sans doute pas fait pour vous. Mais si vous êtes étudiant, il y a des chances que vous puissiez plus facilement passer deux heures par jour à vous enrichir sur le Forex, avant de décrocher votre diplôme et de commencer à chercher du travail.

Du temps pour étudier le Forex

Améliorer vos connaissances du marché des changes prend également du temps. Cela peut cependant en vraiment valoir la peine : plus vous en savez, plus vous disposez d'outils pour parfaire votre système de trading. Vous découvrirez peut-être que les niveaux de Fibonacci vous conviennent tout à fait, et, en lisant quelques livres sur le sujet, vous pourrez apprendre à utiliser de façon de plus en plus efficace les extensions de Fibonacci. Ou alors, vous pourriez vous rendre compte que le range trading est une alternative intéressante au trend trading, stratégie avec laquelle vous avez commencé. Ajouter le trend trading à votre répertoire pourrait vous permettre d'ouvrir des positions rentables plus fréquemment, tout simplement parce que le marché connait plus souvent des phases de range que de véritables tendances.

En d'autres termes, plus vous passez de temps à étudier le trading, plus vite vous deviendrez un bon trader et pourrez perfectionner vos méthodes de trading et améliorer votre retour sur investissement.

L'argent

Dernier critère, mais non le moindre : l'argent. Bien entendu, il est possible de commencer avec 300 € et de les transformer en 10 000 € en quelques mois. Vos objectifs financiers sont donc au moins en partie déterminés par votre capital de trading. N'oubliez pas que, la plupart du temps, il est judicieux de commencer avec un investissement et un objectif modestes. De nombreux traders débutants perdent l'intégralité de leur capital de trading, c'est pourquoi il vaut mieux essayer de transformer 300 € en 1000€ que de mettre en jeu 10 000 € pour obtenir 30 000 €. Une fois que vous avez atteint l'objectif le plus modeste, vous pouvez augmenter les enjeux.

POURQUOI LA PLUPART DES TRADERS PERDENT DE L'ARGENT

Trader sur un marché aussi dynamique que le Forex peut être éprouvant sur le plan émotionnel, ce qui n'est pas une bonne chose quand on essaie de faire travailler son argent. Réussir sur le Forex nécessite donc bien plus que d'avoir une bonne stratégie de trading. Tout le monde a ses forces et ses faiblesses, ses préférences et ses préjugés. Connaitre les vôtres vous aidera à décider sur quel type de marché vous voulez vous lancer, et comment faire pour y gagner de l'argent.

Comme il va de soi que tout le monde est capable d'apprendre à interpréter des graphiques, de suivre l'actualité, d'acheter pas cher et de vendre cher, on pourrait penser que le trading de devises en lui-même ne doit pas être si difficile que ça, notamment pour ceux qui sont prêt à y passer du temps et à faire des efforts. Dans ce cas, pourquoi y-a-t-il tant de traders qui perdent de l'argent sur le Forex ? Principalement parce qu'ils appartiennent à une des catégories suivantes :

1. **Les joueurs.** Ce sont vraiment des idiots. Pour eux, le marché est comme un casino, et ils s'attendent à s'enrichir du jour au lendemain (ou au moins en quelques jours). Obtenir une rentabilité régulière est impossible pour ce genre de traders, car ils ne réfléchissent pas avant d'agir et se bercent d'illusions. Ils ouvrent des positions courtes quand ils pensent que le prix va se mettre à chuter, et ils ouvrent des positions longues parce qu'ils n'imaginent pas que les prix puissent baisser davantage. Ils investissent bien trop d'argent sur une seule position, achètent par cupidité et vendent dans la panique.

2. **Les déstructurés.** Ces traders réfléchissent, c'est vrai, mais ils manquent de structure : en d'autres mots, ils ne suivent pas de système. Ils comprennent

assez bien le fonctionnement du marché, mais ils continuent à trader comme ils l'entendent. Ils ne surveillent pas leur espérance de gain, ils investissent régulièrement trop d'argent sur une seule position et n'apprennent que très peu, parce qu'ils ne possèdent pas de système leur permettant de tirer des leçons de leurs expériences.

3. **Les schizos**. Ils savent comment le Forex fonctionne et disposent de solides systèmes de trading. Le seul problème, c'est qu'ils ne les utilisent pas. Ils sont un peu comme ces gens qui sont tout à fait normaux et gentils mais qui se transforment en fous furieux suicidaires dès qu'ils s'installent derrière le volant d'une voiture. Tout à coup, ils sont prêts à mettre leur vie en péril juste pour rentrer chez eux trente secondes plus tôt. Certains schizos ne peuvent pas s'en empêcher (la thérapie peut être efficace), tandis que d'autres n'ont vraiment pas besoin de se mettre dans le pétrin comme ils le font. Ils ont peut-être une stratégie de trading qui implique d'attendre tranquillement que le trade à long terme idéal se présente, mais ils sont aussi impatients que des petits garçons quelques minutes avant la sortie de l'école.

Un bon système de trading est bien plus qu'une stratégie : ce sont aussi des choix personnels, qui définissent un mode opératoire sur mesure. Votre stratégie de trading est un moteur, et vous devez vous assurer qu'il convient bien à la voiture que vous conduisez.

Pour créer un système de trading adapté à votre personnalité et à vos conditions de vie, vous devriez pouvoir répondre à certaines questions sur vos préférences, vos forces et vos faiblesses, et sur la façon dont vous pensez que les marchés financiers fonctionnent. A première vue, tout cela peut sembler relever de la pseudo-psychologie. Cependant, au bout du compte, votre système de trading est en quelque sorte une entreprise dans laquelle travaille une seule personne : vous. Ne pensez-vous pas qu'un petit test de personnalité s'impose quand la réussite d'une entreprise repose uniquement sur les épaules d'un employé ? Ci-dessous, voici quelques questions qui vous aideront à mettre au point un système de trading qui convient à votre personnalité, et à déterminer combien de temps et d'argent vous pouvez investir dans votre carrière de trader Forex. Et non, il n'y a pas de mauvaise réponse.

AUTO-ÉVALUATION

1. Sur une échelle de 1 à 10, comment évaluez-vous votre connaissance des marchés financiers ?
2. Combien de temps pouvez-vous consacrer à l'étude du Forex ?
3. Combien de temps pouvez-vous passer sur le Forex chaque jour ?
4. Avez-vous des facilités à comprendre les questions techniques, ou êtes-vous plus doué pour interagir avec les gens ?

5. Êtes-vous plutôt discipliné ou impulsif ?
6. Considérez-vous être quelqu'un d'impatient ?
7. En matière de trading, quels sont vos points forts ?
8. Et quelles sont vos faiblesses ?
9. Que pensez-vous que vous devriez apprendre avant de vous mettre sérieusement au trading ?
10. Aimez-vous avoir raison ?
11. Qu'aimeriez-vous accomplir sur le Forex ? Voulez-vous gagner d'assez d'argent pour vous payer vos vacances annuelles ? Mettre un peu de beurre dans les épinards ? Vous acheter une Ferrari, voyager en première classe pour le restant de votre vie, ou tout simplement avoir un compte en banque bien garni ?
12. A quel point êtes-vous motivé pour atteindre vos objectifs financiers ?
13. Etes-vous plutôt optimiste, réaliste ou pessimiste ?
14. Pensez-vous être capable d'essuyer dix échecs de suite avant de faire enfin un trade extrêmement rentable ? Ou préféreriez-vous faire sept petits trades faiblement rentables, et seulement trois petits échecs ?
15. Sans trop réfléchir, préféreriez-vous trader sur le court terme ou sur le long terme ? Et pourquoi ?
16. Travaillez-vous efficacement tout seul ?
17. Etes-vous facilement distrait ? Et si oui, est-ce que cela risque de vous déranger quand vous tradez ?
18. Qu'êtes-vous prêt à risquer pour atteindre vos objectifs ?
19. Quel genre de système de trading préféreriez-vous utiliser ? Un système qui suit les tendances en ouvrant des positions sur des périodes assez longues ? Ou penchez-vous plutôt pour le range trading, qui joue sur les fluctuations des prix sur le court terme ? Ou alors pour le trading intra-journalier, qui consiste à ouvrir et fermer plusieurs positions au cours d'une même journée ?
20. Avez-vous envie de trader de nombreuses paires de devises différentes, ou préférez-vous vous spécialiser dans certaines paires spécifiques, comme les devises majeures ?
21. Aimez-vous les marchés volatiles, où les cours montent et descendent sans arrêt et où il y a beaucoup d'opportunités de faire des bénéfices rapidement (mais aussi davantage de risques de voir vos positions clôturées) ?
22. Comment pensez-vous que le marché fonctionne ? Estimez-vous que tout est complètement aléatoire, êtes-vous passionné de graphiques, ou pensez-vous que le marché est principalement influencé par les nouvelles macro-économiques ?
23. Aimez-vous placer des stops serrés, ce qui signifie que vos positions sont fermées plus souvent mais que les pertes sont faibles ? Et seriez-vous capable d'entrer sur le marché à nouveau une fois que le prix semble

évoluer en votre faveur après tout, même si vous avez déjà été stoppé une ou deux fois dans la même position ?

24. Comment comptez-vous vous y prendre pour réaliser des prises de bénéfices ? Etes-vous du genre impulsif, ou plutôt du genre à fixer des objectifs à l'avance ? Et, si vous vous fixez des objectifs de rentabilité, comment faites-vous pour les atteindre ?

25. Comment feriez-vous pour préserver votre capital de trading et pour éviter que votre compte ne soit dans le rouge ?

Bien entendu, ce questionnaire n'est pas exhaustif. Ce qu'il faut en retenir, c'est qu'il est important de prendre le temps de vous poser des questions sérieuses afin de savoir quel genre de trader vous êtes. Quel est votre style de trading ? A quoi devriez-vous faire attention ? Qu'est-ce que vous aimez, et qu'est-ce que vous détestez ? Avez-vous assez de discipline, et suffisamment de motivation, de temps et d'argent pour atteindre les objectifs que vous vous êtes fixés ?

Répondre à ces questions vous aidera dans votre quête du système de trading idéal pour vous.

LE TRADER X

Voici les réponses qu'a données un trader débutant, que nous appellerons « le trader X », à cette auto-évaluation, ainsi que le système de trading qu'il a ensuite choisi. Cet exemple vous montre en quoi les questions ci-dessus peuvent être utiles.

Le trader X dispose de beaucoup de temps libre et il est très motivé.

Il pense être capable d'apprendre rapidement et possède une véritable discipline, acquise pendant ses années de pratique du poker au niveau professionnel.

Il est quelque peu impatient et impulsif.

Le trader X est fort en maths.

Le trader X estime que sa nature impulsive pourrait s'avérer problématique pour trader.

Son objectif de départ est modeste. Il aimerait pouvoir se prouver à lui-même qu'il est capable de faire des trades rentables ; par conséquent, son but est de transformer les 500€ de son capital de départ en 2000€ en l'espace de six mois. Une fois qu'il aura atteint cet objectif, il en décidera d'un nouveau.

Il n'aime pas perdre, mais il pense qu'il peut gérer les pertes tant qu'elles sont réduites.

Au départ, l'idée de trader sur le long terme lui plaisait beaucoup, mais, après y avoir réfléchi un peu, il a réalisé qu'il n'aurait sans doute pas assez de patience.

Cela ne le gênerait pas tant que ça de perdre ses 500€, même si, bien évidemment, il espère pouvoir l'éviter.

La direction du marché n'a pas d'importance pour le trader X, tant qu'il n'a pas besoin de rester trop longtemps sur une même position.

Au début, il souhaite se concentrer sur une ou deux paires de devises, car il pense que trader le Forex est relativement compliqué.

Il pense que, dans une certaine mesure, le marché évolue en suivant des motifs récurrents. Il a encore beaucoup à apprendre, mais il lui semble que les prix se heurtent aux niveaux de soutien et de résistance selon des schémas qui se répètent régulièrement.

Il préfère fixer des stops serrés pour perdre le moins d'argent possible. Il sait que cela signifie que bon nombre de ses trades seront automatiquement clôturés, mais cela ne le dérange pas tellement. Si une de ses positions était stoppée alors que le marché lui semblait intéressant, il pourrait aisément en ouvrir une nouvelle. Les stops serrés lui donnent un sentiment de contrôle qu'il apprécie.

En matière de rentabilité, il préfère fixer des objectifs à l'avance, basés sur les niveaux de soutien et de résistance. Il pense que c'est extrêmement important, parce que son impulsivité pourrait le pousser à réaliser sa prise de bénéfices trop tôt.

Il protège son capital de trading en ouvrant de petites positions ; ainsi, il peut subir une série d'échecs sans tout perdre.

Les conditions de trading du trader X

* Un capital de 500€.
* Du trading à court terme.
* Ne trader que l'EUR/USD et le GBP/USD.
* Pour décider d'entrer sur le marché, observer les motifs des évolutions de prix à l'aide d'indicateurs techniques et de graphiques en chandeliers.
* Des stops serrés, équivalents à 2% de ses fonds au maximum. C'est une stratégie relativement sévère, mais le trader X ne veut pas commencer avec un plus gros capital de trading.
* Des objectifs de rentabilité basés sur les points de soutien et de résistance. Comme il est facilement impulsif et impatient, le trader X respectera ses objectifs de rentabilité de façon très stricte.
* La taille des positions est basée sur un pourcentage ; il prend un risque de 2% par trade.

La situation décrite ci-dessus n'est évidemment qu'un résumé très succinct, mais espérons que cela puisse vous montrer de quelle façon l'auto-analyse peut vous aider à définir un certain nombre de paramètres pour votre système de trading. Il est important de construire un système fondé sur vos forces, et non sur vos faiblesses. Vous devriez toutefois accorder une attention toute particulière aux moments où il est impossible de contourner vos défauts, et essayer de les corriger afin de devenir un meilleur trader.

CHAPITRE 23 LES SET-UPS

Savoir quand ouvrir une position constitue une part important de tout système de trading efficace : c'est là où les analyses fondamentale et technique peuvent toutes les deux s'avérer utiles. Les prix du Forex sont le résultat direct de l'offre et de la demande, et ces deux types d'indicateurs peuvent expliquer l'éternelle lutte pour le pouvoir à laquelle se livrent les « bulls » (qui espèrent une hausse du marché) et les « bears » (les pessimistes, pour ainsi dire). Un set-up est constitué de toute une gamme de critères fondamentaux et techniques qui doivent être remplis pour que l'on puisse ouvrir une position.

EXEMPLE DE SET-UP N°1 : BREAKOUT DES BANDES DE BOLLINGER
1. On utilise les bandes de Bollinger pour mettre en perspective l'importance des mouvements des prix.
2. Le prix doit dépasser la bande supérieure ou la bande inférieure (breakout).
3. La bougie doit fermer au dessus de la bande supérieure ou en dessous de la bande inférieure.
4. Ensuite, il doit y avoir un retracement du prix en dessous de la bande supérieure (dans le cas d'une tendance à la hausse) ou au dessus de la bande inférieure (pour une tendance à la baisse).
5. C'est seulement quand tous ces critères sont remplis que l'on ouvre une position sur le breakout.

EXEMPLE DE SET-UP N°2 : BREAKOUT DE LA SMA
Dans les années 1980, une bande de traders, surnommée *The Turtles*, « Les Tortues », est devenue célèbre en tradant sur le marché des matières premières. C'était un groupe d'environ 10 personnes, qui ont débuté sans posséder de connaissances particulières sur le monde du trading, et qui exerçaient des métiers comme facteur ou comptable. Ils ont été formés par un excellent trader de matières premières[27] qui voulait prouver que tout le monde est capable d'apprendre à trader avec succès. Les Turtles ont gagné plus de 100 millions de dollars en deux ans à peine. Un de leurs set-ups préférés consistait à trader les points hauts et les points bas sur 20 jours d'une matière première donnée. C'était un set-up très simple, mais extrêmement efficace à l'époque. Les positions étaient ouvertes quand il se produisait un breakout sur la ligne des 20 M (moyennes mobiles simples).

Comme vous pouvez le voir, un set-up ne doit pas nécessairement être compliqué. Sur YouTube, il y a d'innombrables vidéos montrant des traders qui

---

27 Le trader en question était Richard Dennis qui, en 1983, a parié avec son partenaire, William Eckhardt, qu'il pouvait apprendre à n'importe qui à devenir un bon trader. La même année est sorti le film Un Fauteuil pour deux, qui est basé sur le même thème, avec Eddie Murphy et Dan Aykroyd dans les rôles principaux. Coïncidence ?

s'entourent d'une multitude d'indicateurs techniques, du relative strength index aux bandes de Bollinger et à Fibonacci, en passant par la M20, la M200, l'analyse stochastique, la MACD et bien plus encore. Bien entendu, tout cela a l'air extrêmement professionnel, mais avoir l'air pro n'est pas la condition sine qua non pour réussir sur le Forex. Bien au contraire. Les success stories ne racontent jamais comment un trader a utilisé 20 indicateurs techniques différents pour mettre au point ses set-ups. La plupart du temps, la simplicité est reine.

POURQUOI UTILISER UN SET-UP

La plupart des traders en herbe perdent de l'argent, non pas parce que trader des devises est difficile, mais parce que ça a l'air si *facile* : sur un marché si dynamique et avec l'effet de levier, il suffit de déposer 200 euros, et en route pour la gloire et la fortune ! De nombreux amateurs se font avoir par cette idée fausse. Ils sont persuadés qu'il est relativement facile de gagner beaucoup d'argent sur le Forex sans passer trop de temps à étudier ou sans investir beaucoup d'argent. A cause de cela, ils ne cherchent pas à savoir quelles sont les habitudes et les tactiques des traders qui réussissent, et sont même incapables de tirer des leçons de leurs erreurs.

Pour le dire autrement, la plupart des traders ne font pas assez d'efforts. Ils ont surfé sur des sites internet de trading, ont un peu appris le fonctionnement des indicateurs techniques sur YouTube et ont glané ça et là quelques trucs sur l'impact de l'actualité économique sur le marché des changes. Ensuite, ils prennent n'importe quel set-up, juste parce qu'un internaute prétend qu'il fait des miracles, et... « Abracadabra » ! Que l'argent coule à flots !

Evidemment, tout ça, ce ne sont que des chimères. Utiliser un bon set-up est indéniablement important, mais cela ne représente peut-être que 10% de ce dont vous avez besoin pour réussir sur le Forex. A cet égard, il peut être intéressant de signaler que plusieurs traders ont fait des simulations en utilisant ce que l'on appelle les « systèmes de saisie aléatoires ». Ils ont découvert que l'on peut tout à fait gagner de l'argent avec ce type de set-ups. Cela ne veut pas dire que vous aurez moins de succès avec un bon set-up que sans, mais simplement que ce n'est pas aussi fondamental que certains vendeurs de systèmes de trading nous le font croire.

Un bon set-up est important pour les raisons suivantes :

1. Cela vous force à réfléchir aux meilleurs points d'entrée.
2. Cela vous empêche de vous lancer sur le marché quand vous ne savez pas vraiment quoi penser des mouvements des prix. (Malgré tout, de nombreux traders contournent régulièrement les conditions de leurs propres set-ups, ce qui les pousse à sortir d'un trade trop tôt ou trop tard, à déplacer leur

stop loss, etc. Ne tombez pas dans ce piège, et suivez scrupuleusement votre plan).

Un set-up fournit un cadre de référence pour les situations que vous recherchez. Ce ne doit pas être quelque chose que vous avez copié tel quel sur un site internet sans réfléchir, mais une liste de critères que vous pensez indispensables pour pouvoir ouvrir une position en toute confiance. Cela ne signifie pas que vous devez créer votre set-up tout seul, mais que vous devez choisir un set-up avec lequel vous êtes d'accord. Ce sera ainsi plus simple d'avoir la discipline nécessaire pour rester vigilant une fois la position ouverte.

Il est naturellement possible d'utiliser plusieurs set-ups différents. Vous pouvez en avoir un, par exemple, pour quand le marché est en phase de range, puisque, 80% du temps, il n'y a pas de tendance et que les prix évoluent dans une fourchette assez serrée... mais aussi disposer d'un set-up pour les marchés haussiers, d'un autre pour les marchés baissiers, et peut-être même de set-ups différents pour différentes paires de devises. Vous pouvez créer un set-up pour l'USD/CAD, paire de devises dans lequel le prix du pétrole joue un rôle de premier plan : le Canada étant le plus grand exportateur de pétrole vers les Etats-Unis[28], il y a une forte corrélation entre le prix du pétrole et la valeur du dollar canadien. On peut aussi mettre en place un set-up dédié au NZD/USD en prenant en compte les mouvements de l'AUD/USD, parce que l'économie néo-zélandaise est étroitement liée à l'économie australienne.

Sachez tout de même, encore une fois, que mêmes les meilleurs set-ups du monde ne représentent qu'environ 10% des ingrédients nécessaires pour réussir sur le Forex.

---

28   Source : US Energy Information Administrator, US Imports by Country of Origin.

CHAPITRE 24 LA STRATÉGIE DE SORTIE

Savoir quand sortir du marché est au moins aussi important que de savoir quand y entrer.

Les experts, réels ou autoproclamés, proposent des conseils sur les « joyaux secrets de la bourse » et « les matières premières incontournables » partout sur internet. Fait intéressant, 95% de ces conseils concernent uniquement les points d'entrée et la plupart parlent **d'acheter** des actions, des obligations, des commodités, etc. Les gens préfèrent en effet généralement spéculer sur la hausse des actions, et les experts sont heureux de leur rendre service. De plus, les traders qui travaillent pour de grosses entreprises ou des institutions adoptent souvent une stratégie d'achat à long terme, et ils aimeraient que les autres traders en fassent de même parce que cela crée de la stabilité. Voici seulement quelques unes des raisons pour lesquelles les stratégies de sortie sont souvent négligées, et à tort.

CE QUI ARRIVE QUAND ON N'A PAS DE STRATÉGIE DE SORTIE : QUELQUES EXEMPLES TRISTEMENT CÉLÈBRES

L'absence de stratégie de sortie solide a provoqué de véritables catastrophes dans le monde financier et ailleurs. Il semble que l'aversion à la perte est un élément si constitutif de la nature humaine qu'elle pousse même les plus intelligents et expérimentés d'entre nous à prendre des décisions stupides. En voici quelques exemples :

Exemple n°1 : Le monde entier contre la crise du crédit

Avec la crise du crédit de 2008, le secteur financier est tombé en chute libre. Après la faillite de Lehman Brothers, presque toutes les banques étaient en danger, et il a suffit de quelques jours à peine pour que le monde entier découvre qu'on ne pouvait pas se permettre que d'autres grosses banques s'effondrent à leur tour. La loi du plus fort, la stratégie de sortie darwinne du capitalisme par défaut, ne semblait plus possible pour le secteur bancaire, qui est au cœur de tous les autres secteurs commerciaux. Sans que personne ne s'en rende compte, on a assisté à l'émergence d'une situation où des dizaines, sinon des centaines, de banques internationales se sont avérées « trop grosses pour faire faillite ». C'était une nouvelle carte blanche données à certaines des plus riches entreprises de la terre. Et quelle a été la stratégie de sortie du capitalisme ? Aider ces entreprises à se maintenir à flot quoi qu'il arrive. En d'autres mots, c'était tout, sauf une stratégie de sortie.

Exemple n°2 : Les Etats-Unis contre le reste du monde

L'armée américaine n'aime pas les stratégies de sortie. Elle le nierait sans doute (ou peut-être pas), mais si on se réfère au débarquement en Normandie de 1944 et aux guerres du Vietnam, d'Iraq et d'Afghanistan, on ne peut s'empêcher de penser qu'elle ne peut pas supporter l'idée de se replier, même quand cela semble être la réaction la plus judicieuse. En Normandie, l'armée américaine a réussi son pari, même si les experts militaires s'accordent à dire qu'elle l'a échappé belle. Cependant, depuis, cette politique de « non repli » n'a pas toujours aussi bien fonctionné, au prix de nombreuses vies et trésors. La plupart du temps, le plan B de l'état-major américain semble être de doubler la mise en espérant renverser le cours des choses.

Exemple n°3 : Le prix du pétrole contre les fonds spéculatifs

Pendant l'été de 2008, la baisse inattendue du prix du pétrole a mené plusieurs fonds spéculatifs au bord de la banqueroute. Certains ont même carrément fait faillite. Tout cela, selon les analystes du Financial Times (entre autres), parce que leur stratégie a été d'acheter plus de pétrole quand les prix chutaient, au lieu d'essuyer des pertes sur les investissements qui avaient mal tourné. L'avantage de doubler la mise quand les prix s'effondrent est que l'on peut profiter d'un break-even (un prix de revient) en baisse, mais si le déclin des prix se poursuit, les pertes peuvent atteindre des proportions gargantuesques.

UNE STRATÉGIE DE SORTIE POUR LIMITER LES PERTES : LE STOP LOSS

Comme le dit Matt Damon dans le film *Les Joueurs*, dans lequel il incarne un professionnel du poker, « impossible de perdre ce qu'on ne met pas sur la table ». En matière de trading comme au poker, limiter les pertes est tout aussi important que d'optimiser les profits, et peut-être même encore plus essentiel. Chaque trader perd des trades de temps à autre, et chaque euro économisé dans un trade perdant vaut tout autant que les euros gagnés avec des trades réussis. Il est par conséquent important de mettre au point une stratégie de sortie *avant* d'ouvrir une position. Réfléchissez aux raisons qui vous poussent à ouvrir une position, et basez votre stop loss sur celles-ci.

Exemple I

Vous êtes un trader intra-journalier et votre principal élément déclencheur est deux bougies de 15 minutes consécutives allant dans la même direction. Votre but est de gagner de 40 à 80 pips, ce qui est tout à fait faisable en jouant sur les petites tendances intra-journalières des cinq paires de devises majeures. Vous n'êtes pas un « top and bottom picker », vous ne sélectionnez pas vos trades en recherchant les tops et les bottoms, mais vous préférez ouvrir une position quand le mouvement d'un prix a été amorcé depuis un certain temps.

Dans ces tendances de faible amplitude, qui se développent sur l'espace d'une journée, les retracements sont souvent limités, et il y a de fortes chances que les tendances soient bien nettes.

Vous placez votre stop loss en vous basant sur les retracements qui se sont produits plus tôt dans la journée sur des tendances similaires. Vous avez trouvé ces retracements sur des graphiques en chandeliers de cinq minutes. Imaginons, par exemple, que vous avez repéré un retracement temporaire de deux petites bougies d'à peu près 15 pips au total dans une tendance intra-journalière. Ensuite, la tendance intra-journalière s'est rétablie. En prenant en compte cette situation, vous mettez en place un stop loss à 20 pips. Vous partez du principe qu'un petit retracement est toujours possible, mais que s'il dépasse 20 pips, il y a un risque que la tendance intra-journalière soit sur le point de se renverser. C'est évidemment un stop très serré, mais même si vous avez raison seulement 50% du temps et si vos trades gagnants n'excèdent jamais 40 pips, vous empochez quand même de l'argent.

Exemple II

Vous tradez habituellement sur le court et le moyen terme, et vous ne laissez jamais vos positions ouvertes pendant plus d'une semaine. Pendant cette semaine, votre objectif est de profiter d'une tendance qui a déjà commencé. Vous optez généralement pour des positions longues, tout simplement parce que vous préférez les prix en hausse et que vous trouvez qu'il est difficile de spéculer sur la baisse des cours. La plupart du temps, vous ouvrez une position juste après un petit retracement. Il faut toutefois que le retracement soit terminé, ce qui augmente vos chances de profiter de la tendance à la hausse. Vos objectifs de rentabilité sont ordinairement compris entre 200 et 300 pips.

Vous préférez placer vos stop loss juste en dessous du point le plus bas du retracement. C'est logique, parce que si le prix change de direction à nouveau et descend plus bas que lors du premier retracement, il y a un risque accru que la tendance soit finie et qu'une période de range s'installe, peut-être suivie d'un renversement de tendance. Dans tous les cas, la situation serait trop floue pour prendre position. Vous savez que ce set-up est gagnant à peu près 30% du temps, et vos stops sont généralement placés entre 50 à 80 pips. Ainsi, en moyenne, vous perdez 2x65 = 130 pips, et vous en gagnez environ 250, réalisant ainsi un bénéfice moyen de 120 pips tous les trois trades, soit 40 pips par trade.

UNE STRATÉGIE DE SORTIE POUR GARANTIR ET MAXIMISER LES PROFITS

Comme tous les trades ne sont pas gagnants, il est tout particulièrement important de faire en sorte que les trades réussis soient les plus rentables possibles. Ou, comme le dit l'adage, de « couper vos pertes et laisser courir vos profits ». La plupart des traders connaissent cette règle, mais l'appliquer s'avère bien souvent plus difficile que prévu. Tour à tour, l'appât du gain et la peur entrainent des pertes toujours plus grandes (lorsque vous continuez à augmenter une position par exemple) et réduisent les profits des trades rentables, qui sont clôturés trop tôt par peur de perdre plus tard ce que l'on a gagné. Choisir un objectif de rentabilité avant d'ouvrir une position est une façon simple d'éviter ce type de comportement.

Il y a plusieurs façons de décider d'un objectif de rentabilité. On peut, par exemple, le fixer en fonction du calendrier. Laissez votre position ouverte pendant une période déterminée à l'avance : une heure, une journée, une semaine, ou aussi longtemps que vous voulez, selon le genre de trading que vous pratiquez (trading intra-journalier, à court, moyen ou long terme). Ensuite, le trade est automatiquement fermé, en supposant bien entendu qu'il s'agisse d'un trade gagnant qui n'a pas déjà été stoppé.

Les objectifs temporels ont des limites évidentes, comme le fait qu'ils ne prennent pas du tout en compte les mouvements actuels des prix. Toutefois, pour certains traders, c'est la meilleure solution. Si vous avez toujours l'impression que vous fermez vos trades trop tôt ou trop tard lorsque vous utilisez des objectifs financiers, cela peut être très pratique de vous dire que, quoi qu'il arrive, vous fermez telle ou telle position dans 24 heures.

Une autre possibilité, plébiscitée par de nombreux traders, est de se servir d'un trailing stop comme stratégie de sortie, ou de fixer un seuil de prix.

On peut par exemple sélectionner des points de soutien ou de résistance situés dans la fourchette de prix de l'horizon de trading. Supposons que l'EUR/USD est à 1,4750, et qu'un trader sur le long terme pense que l'euro va augmenter dans l'avenir. Il aimerait bien laisser sa position ouverte pendant six mois, voire plus. En observant les graphiques journaliers (sur lesquels une bougie = un jour), il remarque que l'EUR/USD a déjà atteint le seuil de 1,6000 à deux reprises avant de redescendre. Il fixe donc son objectif de rentabilité à 1,60. Il place son stop un petit peu en dessous du creux le plus bas de ces trois derniers mois, vers 1,4500. Il risque donc de perdre 250 pips pour en gagner 1250. Cette décision s'avérera judicieuse en fonction des autres paramètres de son système de trading. S'il a raison 20% du temps, cela lui coûtera 1000 pips en moyenne pour en gagner 1250, ce qui représente un bénéfice de 50 pips par trade. C'est relativement peu pour un trader sur le long terme, mais s'il trouve au moins un trade de ce genre par semaine et s'il ouvre au minimum un contrat standard (1 pip =10 $) pour chaque trade, le trade le plus ancien remontant à six mois et ayant normalement atteint son objectif, il peut gagner 2000 $ par mois. Ce n'est certainement pas assez pour s'acheter une nouvelle Ferrari chaque année, mais une BMW d'occasion n'est pas mal non plus.

LES POINTS DE SORTIE ÉCHELONNÉS

Beaucoup de bons traders font croître ou diminuer leurs positions. Cela signifie qu'ils n'ouvrent pas une position « complète » dès le départ, mais qu'ils commencent avec seulement un tiers, par exemple. L'idée, c'est d'attendre que leur hypothèse concernant le mouvement du prix fasse ses preuves : ils risquent ainsi de perdre seulement un tiers de la position totale. Si le prix continue d'évoluer comme ils le souhaitent, ils ouvrent un autre tiers, puis encore un autre tiers.

A l'inverse, on peut également sortir progressivement d'une position, ce que l'on appelle « fixer des points de sortie échelonnés ». Avec cette technique, les positions sont fermées séparément et ont différents seuils de prix. Vous en trouverez un exemple ci-dessous. Ce n'est en aucun cas la seule façon d'utiliser les « scaling » exit points, mais c'est tout simplement un exemple de la façon dont vous pouvez les utiliser à votre avantage.

Exemple de points de sortie échelonnés

Le trader X est un trader intra-journalier. Il ouvre deux positions longues sur l'EUR/USD à 1,4750 $. Il place ses stops à 1,4728 $.

* Position 1 : point d'entrée à 1,4750 $, objectif à 1,4780 $
* Position 2 : point d'entrée à 1,4750 $, objectif à 1,4820 $

Il ouvre une autre position longue à 1,4760 $, parce qu'il a désormais davantage de preuves que le prix est en train d'évoluer dans la direction qui l'arrange.

* Position 3 : point d'entrée à 1,4760 $, objectif à 1,4900 $

Quand le prix atteint 1,4780 $, la position 1 est fermée et le trader X déplace vers le haut le stop loss de la position 2 jusqu'à son seuil de rentabilité, à savoir 1,4750 $.

* A 1,4800 $, il déplace le stop loss des positions 2 et 3 à 1,4775 $.
* A 1,4820 $, l'objectif de la position 2 est atteint et la position est clôturée.
* A 1,4900 $, la troisième position est également fermée.

Si le trade se passe bien, le trader X peut empocher une jolie somme. Il peut par ailleurs bloquer une partie de ses bénéfices assez tôt, en déplaçant son stop loss vers le haut sans fermer les positions. Si les choses continuent à jouer en sa faveur, il gagnera de plus en plus d'argent. Il peut choisir des points de sortie différents parce qu'il a divisé sa position en trois parties : il est donc possible de gagner de l'argent sur une ou plusieurs parties de la position sans avoir fermé l'intégralité du trade.

Jouer avec des points de sortie échelonnés et réfléchir à leurs utilisations possibles est la meilleure façon de savoir comment votre style de trading pourrait bénéficier au mieux de cette technique.

CHAPITRE 25 LA GESTION DE L'ARGENT

Tout système de trading efficace prête une attention particulière à la gestion de l'argent. Peu importe votre talent pour le trading sur le Forex, si vous ne suivez aucune règle en matière de gestion financière, vous terminerez un jour ou l'autre par vider entièrement votre compte de trading.

Mettre en place des mesures préventives pour limiter vos pertes et choisir une stratégie de sortie pour vos trades rentables, ce que nous avons évoqué dans le chapitre précédent, n'est pas suffisant pour protéger vos fonds.

DÉFINIR LA TAILLE DES POSITIONS

Dans son excellent livre *Trade Your Way to Financial Freedom*, qui possède sans doute le pire titre de toute l'histoire de l'humanité (ce qui vaut toujours mieux que l'inverse), plus sobrement traduit en français par *Réussir en trading*, le trader et psychologue Van K. Tharp[29] parle de l'importance de la taille des positions et de la valeur attendue. Il soutient que ce qui est généralement considéré comme la gestion financière en elle-même ne suffit pas pour protéger votre capital de trading. Par exemple, quand vous appliquez la règle stipulant qu'il ne faut pas mettre en jeu plus de 3% de vos fonds sur une seule position, vous faites certes de la gestion financière, mais vous n'offrez pas une protection suffisante à votre capital de trading. Imaginons que vous tradez sur le long terme, sur un marché extrêmement volatile, et qu'il vous arrive d'être stoppé 10 ou 15 fois de suite. Tout le monde ne peut pas se permettre de perdre 45% de son capital de trading avant qu'une opération juteuse ne se présente et n'arrange tout (sans compter qu'on peut remettre en question la viabilité d'un système de trading susceptible de faire diminuer votre capital de 45%). En d'autres mots, à différentes personnalités et différents styles de trading correspondent des approches différentes.

Tharp aborde l'idée de la gestion de l'argent non pas d'une façon passive, mais de manière interactive. Quel genre de trader êtes-vous ? Sur quel type de marché tradez-vous ? Pendant combien de temps êtes-vous capable de supporter une série de défaites, sur le plan psychologique ? Combien vous rapporte votre système de trading ? Tharp utilise les réponses apportées par les traders à ces questions pour les aider à mettre au point leur propre stratégie de gestion financière. Il va sans dire qu'on est là bien loin de la gestion des fonds classique.

Pour Tharp, la question de la taille des positions est absolument centrale, ce qu'il met en relation avec le ratio risque/rendement. Il existe plusieurs stratégies de définition des tailles des positions, mais la meilleure est celle qui traduit la taille des positions en pourcentage du capital de trading total. Il est important

---

29   Réussir en trading, Van K. Tharp, Valor 2003.

de prendre conscience du fait que la taille de la position n'est pas pertinente ici (elle pourrait équivaloir à 100% de vos fonds). Ce qui compte, c'est la somme que vous risquez de perdre. De manière générale, Tharps estime que mettre en jeu 3% d'un capital de trading est trop agressif, mais cela peut aussi dépendre d'autres paramètres de votre système de trading.

Par exemple, si vous ne supportez pas de perdre et que vous développez un système rentable, avec 90% de trades gagnants (ce qui est possible, même s'il s'agirait probablement de sommes modestes la plupart du temps) et des pertes réduites, faire des opérations qui mettent en jeu 5% de votre capital n'est pas problématique. Après tout, votre période de malchance serait de toute façon limitée par le faible pourcentage de trade perdants.

Lorsque l'on définit la taille d'une position, les objectifs les plus importants sont :
1. Protéger votre capital de trading
2. Vous permettre de déterminer votre espérance de gain
3. Vous aider à modifier votre système de trading pour optimiser l'espérance de gain et minimiser les risques

Exemple

Le trader Y se sert d'un système de trading qui produit environ 50% de trades réussis. Il trade sur le court terme, possède un compte Forex mini (1 pip= 1 $) et s'intéresse principalement à l'EUR/USD. C'est à peu près tout ce qu'il sait de sa stratégie de trading, mis à part le fait qu'il a déjà perdu la moitié de son capital et qu'il a l'impression qu'il ne fait pas ce qu'il devrait faire.

Après s'être penché sur la question, il découvre que ses trades rentables lui rapportent environ 30 pips net tandis que ses trades perdants lui coûtent 60 pips, parce qu'il place toujours ses stops à 60 pips. De son capital de départ de 600 $, il ne lui reste que 300 $.

La taille des positions du trader Y correspond donc de 10% de son capital (60 pips équivalant à 60 $ sur un compte mini). Ou, pour être plus précis, elle était de 10%, mais, comme il ne dispose désormais que de 300 $, une position de 60 pips par trade représente désormais 20% de ses capitaux totaux ! Il suffit qu'il perde cinq trades coup sur coup (ce qui est tout à fait possible avec un système 50/50) et il sera à sec.

Il y a plusieurs choses qui ne vont pas avec le système de trader Y.

Utiliser 10% de ses fonds pour définir la taille de ses positions est bien trop agressif, tout particulièrement à cause de son système 50/50. Tout ceux qui ont déjà joué à la roulette, ou même simplement assisté à une partie de roulette dans un casino, savent qu'il n'est pas rare que la petite boule blanche atterrisse sur le même nombre dix fois de suite. Si cela devait arriver, le trader Y serait fauché.

Comme le trader Y n'ajuste pas la taille de ses positions à la diminution de ses fonds, le pourcentage qu'il met en jeu continue à augmenter, et est déjà égal à 20%.

Apparemment, le trader Y ne s'intéresse pas du tout à son ratio risque/ rendement parce qu'il risque constamment de perdre 60 pips pour en gagner 30. Pas besoin d'être un petit génie des mathématiques pour savoir que son espérance de gain est négative.

Protéger votre capital de trading

Une chose est sûre : si vous perdez votre capital de trading, vous êtes hors jeu. Vous ne pouvez plus trader, et même le meilleur système de trading au monde ne vous fera pas gagner un sou.

Faites quelques recherches pour connaitre la proportion de trades gagnants et adaptez la taille de vos positions (c'est-à-dire le pourcentage de votre capital de trading que vous mettez en jeu à chaque trade) en fonction du résultat. Limiter la taille de vos positions à un maximum de 10% de vos trades gagnants est une bonne règle de base. Par exemple, si votre système produit 50% de trades réussis, la taille de vos positions ne doit pas excéder 5%.

N'oubliez pas que vous devez ajuster la taille de vos positions lorsque votre capital de trading grossit ou diminue considérablement. Inutile de le faire après chaque trade, car ce serait trop compliqué, mais c'est judicieux si vous perdez 25% de votre capital de trading.

L'espérance de gain, et comment calculer votre espérance de gain exprimée en terme de taille de position

Minimiser les risques de faillite et avoir un système à l'espérance de gain positive est absolument essentiel dans des jeux qui peuvent s'avérer structurellement rentables (tout du moins pour ceux qui savent comment y jouer).

Comme nous l'avons dit plus haut, pour limiter les risques de se retrouver avec un compte vide, il faut que le pourcentage de trades réussis soit proportionnel à la taille de vos positions. Si vous débutez sur le Forex et si vous n'avez aucune idée de combien de trades vous allez gagner, vous pouvez prendre comme point de départ 25% de trades réussis et limiter vos positions à 2,5% par trade (c'est-à-dire à 2,5% de votre capital de trading total).

Sur les marchés financiers, l'espérance de gain est calculée en fonction des trades gagnants, du bénéfice moyen par trade gagnant, de la perte moyenne en cas d'échec, et de la taille des positions.

Exemple :
* Votre système de trading génère 40% de trades gagnants.
* Le bénéfice moyen par trade est de 50 pips.
* La taille de vos positions équivaut au maximum à 4% de votre capital de trading (soit 10% des trades réussis).

Votre capital de trading est de 600 $, ce qui signifie que la taille de vos positions doit être de 24 $ par trade tout au plus.

Sur dix trades, les résultats, en moyenne, seraient les suivants :
* 6 x -24 $ = - 1444 x 50 = 200 $
* Bénéfice total = 56 $
* Espérance de gain = 5,6 $
* Espérance de gain exprimée en termes de taille de position : 0,23

L'espérance de gain exprimée en terme de taille de position est tout simplement votre espérance de gain pour chaque dollar mis en jeu. Si elle est de 0,23, cela signifie qu'en moyenne vous gagnez 23 cents pour chaque dollar que vous risquez.

Exprimer votre espérance de gain en terme de taille de position peut s'avérer utile, car cela vous permet de connaitre la performance de votre système sur une période plus longue, quelle que soit la taille de votre capital. Au fil du temps, les valeurs absolues changent, mais avec ce type d'espérance de gain, vous pouvez toujours savoir quel résultat relatif vous obtenez avec votre système. De manière générale, plus votre espérance de gain exprimée en terme de taille de position est élevée, plus votre système est performant.

Conclusion

Bon nombre de débutants ne suivent aucun système de trading. Ils ne savent pas encore quel genre de trader ils aimeraient être (trader sur le long ou le court terme, faire beaucoup de petites pertes et quelques gros trades réussis, ou beaucoup de trades gagnants mais modestes et une poignée de trades perdus, etc.), ni comment savoir s'ils sont sur la bonne voie. Souvent, leur analyse se limite à « quand mon capital de trading augmente, tout va bien, et quand il ne m'en reste que 10%, ça tourne mal ».

Cette attitude est tout à fait compréhensible, car quand on vient de découvrir le Forex, il y a énormément de choses à faire et à étudier. Mais cela peut coûter cher, et il ne faut pas attendre d'être sur la paille pour mettre au point un système de trading.

Le but de ce chapitre est de vous montrer qu'il est important de commencer à réfléchir dès maintenant à votre système de trading pour limiter les risques et pour connaitre votre espérance de gain par trade.

Chapitre 26 Evaluer votre système

Même si votre système de trading est très efficace, vous pouvez toujours le perfectionner. Au début, en particulier, il est possible qu'il ne fonctionne pas bien du tout et que vous ayez besoin d'un petit coup de pouce. Evaluer votre système vous permet d'adopter un regard critique et d'améliorer ses performances.

Vous devriez avoir commencé (si tout va bien) à développer un système de trading adapté à votre situation, à vos forces et à vos faiblesses, un système qui utilise plusieurs set-ups sérieux et une stratégie de sortie bien pensée, et qui détermine la taille de vos positions de manière à protéger votre capital de trading.

Mais vous n'aurez jamais fini de mettre au point votre système de trading. Il sera toujours en construction, à l'image de la fameuse *Sagrada Familia* de Barcelone, de plus en plus belle, mais jamais terminée. En effet, le monde autour de vous est en perpétuel changement, tout comme vous ne cessez d'évoluer et de progresser. Non seulement vous allez en apprendre de plus en plus, mais vous allez acquérir de l'expérience et vous aurez peut-être envie d'explorer de nouveaux marchés et de nouvelles stratégies. Tester votre système sans arrêt est la seule façon de savoir si tel ou tel marché, telle ou telle tactique ou stratégie peuvent vous aider à vous améliorer. Surveiller l'état de votre capital de trading ne suffit pas, parce que cela ne vous permet pas de savoir ce qui fonctionne et ce qui ne fonctionne pas.

Les chiffres

Pour vous faire une idée précise des performances (ou du manque de performances) de votre système de trading, plusieurs chiffres peuvent être utiles. Parmi eux, l'espérance de gain exprimée en taille de position, l'augmentation ou la diminution de votre capital, et le pourcentage total de trades réussis.

L'espérance de gain exprimée en terme de taille de position

La performance moyenne par trade est l'information la plus importante que vous pouvez tirer de votre système de trading. Bien entendu, plus vous avez fait de trades, plus ce chiffre est précis. Il y a des chances que vous fassiez toutes sortes de trades au fil du temps, en essayant par exemple le range trading et le side trend trading, ou bien en élargissant vos horizons au-delà des paires de devises majeures en allant voir du côté des cross, comme le GBP/EUR et l'EUR/JPY. Mesurer le résultat moyen par type de trade peut vous fournir de précieuses informations. Il est possible que vous vous rendiez compte que trader les cross vous réussit mieux que de trader les Majors, un phénomène difficile à déceler si vous prenez uniquement en compte les variations de votre capital de trading.

L'espérance de gain exprimée en taille de position (référez-vous au chapitre 25 pour en savoir plus) se base sur le pourcentage total de trades réussis pour vous aider à déterminer la taille de vos positions sur un marché spécifique. La taille des positions est le pourcentage maximal de votre capital de trading que vous êtes prêt à risquer sur un trade. Pour les débutants, il est conseillé de commencer avec des positions qui n'excèdent pas 2,5% du capital de trading. En d'autres termes, si vous débutez et si vous disposez de 1000 $, la taille de vos positions ne doit pas dépasser 25 $ par trade.

On calcule l'espérance de gain en divisant le bénéfice net total par le nombre de trades. Ainsi, si vous avez gagné 200 $ sur 20 trades, votre espérance de gain est de 10 $ par trade.

Dans ce cas, votre espérance de gain exprimée en termes de taille de position serait de 0,40 (10 $ ÷ 25 $). Cela signifie que, pour chaque dollar que vous risquez, vous faites un bénéfice net de 40 cents.

Augmentation/diminution de votre capital de trading

Ce chiffre n'est pas aussi important, parce qu'il vous fournit des informations que vous connaissez déjà, à savoir combien il reste dans votre compte de trading. Mais nous l'abordons parce que de nombreux traders aiment traduire leur activité par des chiffres concrets.

Mieux vaut suivre l'état de santé de votre capital de trading une fois par mois. Vous pouvez inscrire ces résultats mensuels sur un graphique, ce qui vous permettra de vous faire une idée de la façon dont votre capital évolue au fil du temps. Imprimez ce graphique et accrochez-le sur un mur, à 3 mètres au minimum de votre bureau. Si, confortablement installé sur votre siège, vous pouvez distinguer une tendance à la hausse, c'est que vous êtes sur la bonne voie.

Le pourcentage total de trades gagnants

L'importance de ce chiffre tient principalement au fait qu'il vous aide à définir la taille idéale de vos positions. Suivez approximativement les règles suivantes :
* 75% de trades gagnants = la taille optimale des positions est de 7,5%
* 50% de trades gagnants = la taille optimale des positions est de 5%
* 25%de trades gagnants = la taille optimale des positions est de 2,5%

N'oubliez pas qu'il s'agit de tailles maximales, ce qui veut dire que la taille d'une position devrait toujours être égale à 10% du pourcentage total de trades gagnants.

CE QU'IL FAUT ÉVALUER, ET À QUELLE FRÉQUENCE

Il est important d'évaluer à la fois les différents éléments de votre système de trading séparément et votre système dans son ensemble. Certains éléments doivent être examinés chaque mois, tandis que d'autres peuvent être évalués seulement une ou deux fois par an. Il faut garder à l'esprit que tout cela dépend de la fréquence à laquelle vous tradez sur le Forex : si vous ne faites que deux trades par semaine, une évaluation mensuelle ne génèrera pas de chiffres statistiquement significatifs.

Evaluer votre système de trading par les chiffres

Si vous êtes un day trader, mieux vaut calculer votre espérance de gain exprimée en termes de taille de position et l'augmentation/la diminution de votre capital une fois par mois. Les débutants sont souvent tentés d'évaluer leur système plus souvent, mais cela ne sert à rien (mis à part à développer un trouble obsessionnel compulsif). Il est préférable d'essayer d'obtenir de bons résultats 29 jours sur 30 et de passer seulement une journée à les évaluer.

Evaluer différents éléments de votre système de trading

Faire une auto-évaluation mensuelle complète est peut-être un peu trop, mais, si vous débutez, il est judicieux de passer en revue vos forces et vos faiblesses au moins une fois par mois et d'évaluer la façon dont vous les avez gérées. Quelques moments de faiblesse peuvent engendrer d'énormes pertes, tout particulièrement pour ceux qui tradent sur le court terme (ne pas se concentrer sur le genre de trade adapté à vos points forts produit le même résultat).

L'évaluation mensuelle de votre set-up, ou de vos set-ups si vous en utilisez plusieurs, est un must. Encore une fois, la fréquence de l'évaluation dépend également du rythme auquel vous tradez. Quels set-ups ont-ils donné les meilleurs résultats, et lesquels s'en sont le moins bien sortis ? Calculez leur espérance de gain en terme de taille de position pour obtenir des informations rapidement. Au moins une fois par mois, examinez de plus près votre stratégie de sortie et la taille de vos positions. Comme on apprend au fur et à mesure, il est fort possible (et même très probable) que ces évaluations vous conduisent à apporter d'importantes modifications à votre système.

VOTRE JOURNAL DE TRADING

La plupart des plateformes de trading établissent automatiquement un journal de trading pour vous. Ils montrent quand vous avez ouvert un trade, sur quelles paires de devises vous avez misé, s'il s'agissait d'une position longue ou courte, la taille du lot, et le résultat.

Il est toutefois judicieux de tenir vous-même un journal de trading. Non seulement parce que cela vous permet d'ajouter plus de détails sur chaque trade (par exemple, des informations sur le set-up utilisé et l'élément spécifique qui a déclenché la position), mais aussi parce que vous prendrez ainsi conscience des raisons qui vous poussent à ouvrir une position.

Exemple d'extrait d'un journal de trading
* Position longue sur l'EUR/USD 1,4755
* Stop/loss : 1,4738 (le creux le plus bas du range intra-day est à 1,4742)
* Objectif n°1 : 1,4780 (faible niveau de résistance)
* Objectif n°2 : 1,4810 (fort niveau de résistance)
* Raison : breakout possible du range intra-journalier
* Résultat : ...

Il y a d'autres façons de tenir un journal de trading : vous pouvez ajouter plus de données ou en mettre moins. Le but, c'est de vous montrer que tenir un journal de trading peut vous fournir davantage d'informations que les journaux automatisés des sites de trading, qui, à leur tour, peuvent vous aider à évaluer votre système d'une manière plus précise.

CHAPITRE 27 LA PSYCHOLOGIE DU TRADING

La différence entre perdre et gagner est souvent très mince, dans la vie et dans le monde du sport aussi bien que sur les marchés financiers. Combien de matchs de tennis légendaires se sont-ils décidés pour une poignée de points ? Combien de matchs de football se sont-ils terminés par une action risquée, parfois complètement contre toute attente ?

En trading, c'est la même chose. Des trades, vous en perdrez, comme tout le monde. La différence entre les traders qui réussissent et ceux qui échouent tient à ces quelques trades perdants qui auraient pu être évités, à ce trade gagné d'avance qu'on n'aurait pas dû manquer, à un objectif de rentabilité trop faible, ou à un stop loss placé trop loin.

Les traders les plus techniques ont tendance à dire que les émotions ne jouent aucun rôle dans leur façon de trader. Après tout, ils se servent d'un système de trading basé sur des indicateurs techniques, ils ont des set-ups, des stops, et une stratégie de sortie : tout est décidé d'avance. Les émotions n'y ont pas leur place.

Et pourtant, au bout du compte, c'est vous qui mettez en place les paramètres auxquels obéira votre système complètement automatisé. Vous pouvez changer le système, ou choisir d'en utiliser un autre. Que feriez-vous si votre système vous faisait perdre 35% de votre capital de trading en très peu de temps ? Et si, tout d'un coup, il donnait 10 trades perdants ? Les modifications que vous apporterez à votre système seront-elles aussi automatiques ? Ou bien seront-elles influencées par vos émotions, même rien qu'un tout petit peu ?

Pour construire un système efficace, il faut commencer par accepter la menace. Vous êtes peut-être moins susceptible que d'autres de prendre des décisions sous le coup de l'émotion, mais ne pas prendre en compte ce qui constitue un facteur de risque pour la majorité d'entre nous semble un peu trop désinvolte.

Il existe toutes sortes de raisons de ne pas trader sur les marchés financiers. Voici quelques unes des plus importantes :

QUAND VOUS NE DEVEZ PAS TRADER DU TOUT
1. Quand vous n'avez pas vraiment le temps de prendre de bonnes décisions. Ce sont les moments où vous risquez de traiter votre set-up de la façon dont certaines personnes traitent les pièces d'un puzzle qui ne vont pas ensemble : en les forçant à s'emboiter. Au début, cela peut sembler correct, mais cela se termine presque toujours mal.
2. Quand vous êtes fatigué, ivre, ou pire encore. Vous avez peut-être tout le

temps du monde, mais malheureusement, votre cerveau n'est pas en état de trader.

3. Quand vous êtes un trader instinctif. Il se peut que vous ayez d'excellentes intuitions sur les mouvements des prix quand vous étudiez les graphiques et les nouvelles économiques importantes, mais qu'aujourd'hui, ou cette semaine, vous ne le « sentiez » pas. Ne vous inquiétez pas : prenez quelques jours de repos et ne tradez pas.
4. Quand vous venez de subir des pertes et que cela vous tracasse.
5. Quand vous n'êtes pas concentré, pour quelque raison que ce soit.

QUAND VOUS DEVEZ VOUS ARRÊTER DE TRADER PENDANT QUELQUE TEMPS

1. Quand vous venez de commencer un nouveau travail.
2. Quand vous venez d'avoir eu un bébé.
3. Quand vous vous êtes séparé de votre compagne ou de votre compagnon, et que cela vous chagrine encore.
4. Quand vous ne vous sentez pas bien, même si vous ne savez pas (encore) pourquoi.
5. Quand vous avez des problèmes d'argent.

STRATÉGIE À ADOPTER DANS LE PIRE DES CAS

Personne ne veut penser aux catastrophes, et quand vous commencez le trading avec un capital modeste, il n'est pas nécessaire de réfléchir à cette partie de votre système de trading. Cependant, à un point ou à un autre, vous aurez un capital bien plus conséquent et il faudra que vous envisagiez le pire (de préférence avant que la catastrophe ne devienne réalité et que vous ne soyez complètement ruiné).

La raison est évidente : le pire des scénarios est par définition un désastre. Par conséquent, si vous n'êtes pas préparé mentalement, cela vous affectera davantage et vous mettrez plus de temps à rebondir.

Exemples de scénarios du pire

Voici quelques scénarios envisageables. Ils sont plus ou moins vraisemblables, mais, ce qui est important, c'est de prendre du temps pour étudier les situations qui pourraient rendre le trading difficile, voire même impossible.

Situation n°1 : Des pertes spectaculaires

Vous tradez le Forex avec succès depuis quelque temps déjà. Vous avez réussi à faire enfler votre capital de départ, qui est passé de 500 € à 10 000 € en à peine plus d'un an. Tout à coup, en l'espace de deux mois, vous subissiez des pertes considérables. Plus rien ne semble fonctionner. Vous pensiez que vous aviez mis au point un système solide et efficace, mais vous avez perdu 6000 € en deux mois, soit 60% de votre capital de trading. Que faire maintenant ?

Situation n°2 : Petite amie/petit ami, acte 1

La situation est la même que dans le premier scénario, sauf que cette fois-ci, votre capital de trading diminue parce que votre petit ami ou votre petite amie, avec qui vous vivez depuis quelques années, vient de perdre son emploi. En plus de cela, votre voiture est tombée en panne. Selon votre partenaire, vous n'avez pas le choix : il faut entamer votre capital de trading. Que faites-vous ?

Situation n°3 : Le Forex disparait

L'impossible s'est produit : l'étalon-or a été rétabli et toutes les devises majeures sont à nouveau connectées au dollar. Cela signifie qu'il n'y a plus de devises flottantes, et que le Forex n'existe donc plus.

Situation n°4 : Le gouvernement fait des siennes

Le gouvernement a décidé de décourager les petits spéculateurs de trader sur le Forex. Comme il n'est pas question d'interdire purement et simplement le trading, une nouvelle législation taxant les gains sur le Forex à 75% à hauteur de 50 000 euros est mise en œuvre. Ces dernières années, le trading vous a réussi, et vous avez gagné environ 35 000 euros nets par an. Cette loi va donc vous ruiner. Comment réagissez-vous ?

Situation n°5 : L'uptick débarque

A cause de l'incroyable augmentation de la spéculation sur le Forex au cours de ces dernières années, les Etats-Unis et l'Europe ont décidé (dans notre situation hypothétique) qu'il fallait davantage réguler le marché des changes. A cette fin, ils ont créé la *Forex Lateral Overseeing Authority* (FLOAT), l'Autorité de surveillance latérale du Forex, qui impose la règle de l'uptick sur le Forex. Les spéculateurs détestent cette règle, qui existe déjà sur certains marchés financiers, et qui stipule que l'on ne peut pratiquer la vente à découvert qu'après un uptick. En d'autres termes, on peut seulement ouvrir une position courte quand le prix d'une paire de devises a augmenté d'au moins un point. Par conséquent, de nombreux traders sont obligés de rester sur la touche quand les prix chutent rapidement et qu'il n'y a pas de retracement. Vous êtes un scalper et vous êtes un adepte de la vente à découvert : certains traders préfèrent que les prix augmentent, mais vous, vous adorez les baisses. Cela vous affectera donc considérablement. Que faites-vous ?

Situation n°6 : Petite amie/petit ami, acte 2

Vous êtes complètement accro au trading, même si ce n'est pas réellement une addiction : cela vous permet tout simplement d'engranger en moyenne 30 000 euros par mois. Mais, comme vous êtes collé à vos quatre écrans nuit et jour, votre petite amie (ou votre petit ami) en a assez. Il ou elle vous lance un ultimatum : vous avez le choix entre votre histoire d'amour ou les graphiques en chandeliers. Que faites-vous ?

LE SCÉNARIO DU PIRE POUR LES DÉBUTANTS

Lorsque l'on débute sur le Forex, il n'y a en fait qu'un seul scénario du pire : perdre l'intégralité de son capital.

Si vous déposez 500 euros ou moins, il est fort possible que cela se produise. Même si cela vous fait peur, n'oubliez pas que Rome ne s'est pas faite en un jour. Réussir sur le Forex demande du temps et de l'argent. Il semble que les Européens aient plus de mal à accepter cette règle que les Américains, qui sont souvent prêts à prendre davantage de risques et se remettent plus vite en selle après être avoir été jetés à terre.

Cela ne veut pas dire qu'il faut que vous déposiez à nouveau 500 euros juste après avoir mis votre compte dans le rouge. Au contraire, il est sans doute préférable de mettre la pédale douce pendant quelque temps, et d'évaluer vos trades et votre système. Ce sera facile si vous tenez un journal de trading. Si ce n'est pas le cas, la plupart des plateformes de trading conservent de toute façon un historique de vos trades et de votre système. Vous y découvrirez sans doute de nombreux problèmes, notamment le fait que n'avez pas suivi votre propre système de trading. Il vous faudra faire des ajustements pour résoudre ces soucis.

Ensuite, remontez sur votre cheval à bascule (c'est-à-dire votre compte démo ou en argent fictif) avant d'enfourcher à nouveau l'étalon fougueux qui vous a jeté si brutalement à terre. Continuez à lire, à étudier et à vous entrainer sur votre compte fictif en utilisant un système modifié et, espérons-le, plus efficace. Cela vous aidera à reprendre confiance en vous et à remonter, au bout d'un mois ou deux, sur votre magnifique étalon noir. Parce que, il faut bien l'avouer, il n'y a rien de plus beau...

Le début de la fin

Maintenant que vous en êtes arrivé là, et je n'en attendais pas moins d'un débutant ambitieux comme vous, vous pouvez avoir confiance en vos compétences de trader Forex. Vous avez étudié les facteurs fondamentaux qui influencent le marché des changes, vous disposez de suffisamment d'informations sur les devises les plus importantes, vous avez appris l'analyse technique et vous savez comment utiliser les indicateurs les plus importants. Nous avons passé en revue les stratégies de trading les plus populaires, nous avons vu comment construire votre propre système de trading et comment gérer vos fonds, et nous avons exploré la dimension psychologique du trading.

Bien entendu, votre formation de trader n'est pas terminée. Ce n'est même pas encore le début de la fin... mais, pour paraphraser un célèbre orateur, c'est peut-être la fin du début. Sur www.forexforambitiousbeginners.com, vous retrouverez une liste d'excellents ouvrages sur le Forex, des informations sur les courtiers et les réponses aux questions que vous vous posez sur ce livre ou sur votre stratégie.

L'heure est maintenant venue de votre dernier test : pour voir ce que vous avez retenu, répondez à ce quiz sur le Forex !

Partie VI

Quiz sur le Forex

Vous trouverez ci-dessous un quiz composé de 60 questions. Celles-ci portent sur tous les chapitres de ce livre. Leur niveau de difficulté va de très facile à très difficile. Les réponses et des explications complémentaires se trouvent au dos du livre. Vous y trouverez également une feuille de score qui vous permettra d'évaluer vos connaissances.

Vous avez des questions sur ce quiz ? Posez-les sur le forum du site www. Forexforambitiousbeginners.com. De nouveaux problèmes sur le Forex y sont régulièrement ajoutés.

Partie I : Fonctionnement du Forex

QUESTION N°1. QU'EST-CE QUE L'ÉTALON-OR ?
A. Les armoiries de la famille de Louis XIV, le Roi-Soleil, qui a été le premier à trader sur le Forex. Son cheval, à la magnifique robe dorée, est devenu le symbole officieux du Forex.
B. Une façon d'exprimer le prix d'une monnaie à partir d'un poids fixe d'or.
C. Une façon d'exprimer la valeur d'une monnaie en dollars américains.
D. 0,618, le nombre magique de la séquence de Fibonacci.

QUESTION N°2. LAQUELLE DE CES QUATRE MONNAIES EST-ELLE LA DEVISE DE RÉSERVE MONDIALE ?
A. Le dollar américain.
B. L'euro.
C. Le yuan.
D. Les droits de tirage spéciaux, la devise du FMI, qui correspond à la moyenne des six devises majeures.

QUESTION N°3. OÙ EST BASÉ LE FOREX ?
A. A Francfort.
B. A Londres.
C. A New York.
D. Nulle part.

QUESTION N°4. QUAND LE FOREX EST-IL OUVERT ?
A. 5 jours par semaine, 12 heures par jour.
B. 5 jours par semaine, 24 heures sur 24.
C. Du lundi au jeudi, 24 heures sur 24.
D. En permanence.

QUESTION N°5. QUI RÉGULE LE FOREX ?
A. La National Futures Association (NFA).
B. La Financial Conduct Authority (FCA).
C. Le Fonds marxiste de redistribution des richesses (FMRR).
D. Le Forex n'est régulé par aucune autorité centrale.

QUESTION N°6. VOUS VOULEZ SPÉCULER SUR LA HAUSSE DU YEN PAR RAPPORT AU DOLLAR AMÉRICAIN. QUE DEVRIEZ-VOUS FAIRE ?

A. Ouvrir une position longue sur le yen, c'est-à-dire ouvrir une position courte sur l'USD/JPY.
B. Ouvrir une position courte sur le yen, c'est-à-dire ouvrir une position longue sur l'USD/JPY.
C. Ouvrir une position longue sur le dollar.
D. A et C.

QUESTION N°7. QU'EST-CE QUE LE « SPREAD » ?

A. Le Heinz Sandwich Spread, une sauce à base de mayonnaise typiquement britannique que l'on appelle souvent tout simplement le « spread ».
B. La différence entre le prix de vente et le prix d'achat d'une paire de devises.
C. La différence entre le stop loss et l'objectif de rentabilité.
D. Un film policier érotique des années 80.

QUESTION N°8. QUE SONT LES « CROSS » ?

A. Des paires de devises qui n'incluent pas le dollar américain.
B. Des devises qui forment une paire.
C. Des devises qui sont associées à trois autres devises.
D. Les devises des pays chrétiens, comme le dollar américain et la livre sterling.

QUESTION N°9. QU'EST-CE QU'UN PIP ?

A. Deux trades perdants de suite.
B. La plus petite part mesurable du prix d'une monnaie, souvent le quatrième chiffre après la virgule.
C. Un terme qui signifie « bankroll » dans le jargon du Forex.
D. Un niveau de prix qu'une paire de devises a du mal à dépasser.

Partie II Comment trader sur le Forex

QUESTION N°10. LAQUELLE DE CES QUATRE PROPOSITIONS PEUT-ELLE ÊTRE CONSIDÉRÉE COMME UNE BONNE RÈGLE DE BASE EN MATIÈRE DE GESTION DE FONDS ?

A. Ne jamais risquer plus de 10% de votre capital de trading.
B. Ne jamais risquer plus de 20% de votre capital de trading.
C. Disposer d'au moins 10 fois le montant nécessaire pour obtenir un trade gagnant.
D. Disposer d'au moins 20 fois le montant nécessaire pour obtenir un trade gagnant.

QUESTION N°11. QU'EST-CE QU'UN RETOUR SUR INVESTISSEMENT SUR LE FOREX RÉALISTE ?
A. Un retour sur investissement annuel de 35%.
B. Cela dépend de votre système de trading.
C. Un retour sur investissement annuel compris entre 8 et 10%.
D. Une Ferrari, un yacht et une villa par an.

QUESTION N°12. VAUT-IL MIEUX COMMENCER AVEC UN COMPTE DÉMO OU AVEC UN COMPTE EN ARGENT RÉEL ?
A. Un compte démo.
B. Un compte en argent réel.
C. Les deux.

Partie III Comprendre et anticiper les variations des prix

QUESTION N°13. EN QUOI CONSISTE L'ANALYSE FONDAMENTALE ?
A. A vous faire exploser au milieu de la foule quand les autres ne sont pas d'accord avec votre analyse.
B. C'est une analyse basée sur des convictions inébranlables.
C. A analyser les forces qui régissent l'économie, comme la capacité de production, la confiance des consommateurs, les chiffres du chômage, etc.
D. A étudier les mouvements du prix dans le passé pour essayer de prédire la façon dont ils évolueront dans le futur.

QUESTION N°14. LA RÉSERVE FÉDÉRALE (LA FED) ANNONCE QU'ELLE VA AUGMENTER SON TAUX D'INTÉRÊT DE 0,25%. LES ANALYSTES N'ONT PAS ANTICIPÉ CETTE HAUSSE. QUE VA-T-IL ARRIVER AU DOLLAR, EN TOUTE PROBABILITÉ ?
A. Il va chuter.
B. Rien du tout. Le taux d'intérêt de la Fed n'a rien à voir avec le cours du dollar.
C. Impossible de savoir. Lorsqu'une hausse inattendue du taux d'intérêt est annoncée, il y a une chance sur deux pour que le dollar augmente.
D. Il va augmenter.

QUESTION N°15. LORS DE SA CONFÉRENCE DE PRESSE MENSUELLE, LE PRÉSIDENT DE LA BANQUE CENTRALE EUROPÉENNE DÉCLARE QUE L'INFLATION DANS LA ZONE EURO EST PLUS FORTE QUE PRÉVUE ET SE MONTE À 2,8%. IL AJOUTE QU'ELLE EST SUPÉRIEURE À L'OBJECTIF, QUI SE SITUE ENTRE 0,5% ET 2%. QUE CELA SIGNIFIE-T-IL ?
A. Cela indique qu'il est possible que la BCE augmente son taux d'intérêt bientôt. L'euro va donc certainement augmenter.
B. Cela signifie qu'il est possible que la BCE baisse son taux d'intérêt bientôt. L'euro va donc certainement baisser.
C. L'inflation entre peu en compte dans la politique de la BCE. Il est donc fort

probable qu'il ne se passe rien du tout.

D. La BCE ne prend des mesures que lorsque l'inflation dépasse les 5% pendant au moins 12 mois. Il ne se passera donc sans doute rien du tout.

Question n°16. Le ministère des finances japonais annonce qu'il va stimuler l'économie en injectant des fonds dans le système monétaire. Le yen va-t-il augmenter ou chuter, et pourquoi ?

A. Il baissera, parce que, quand il y a plus d'argent dans le système monétaire, un yen coûte moins cher.

B. Il augmentera, parce que, quand il y a plus d'argent dans le système monétaire, un yen coûte plus cher.

C. Il baissera, parce que les traders vont perdre confiance en l'économie japonaise.

D. Il augmentera, parce que les traders s'attendent à ce que cette mesure stimule l'économie.

Question n°17. Le taux de chômage allemand a subi une hausse inattendue. Cela peut-il avoir un impact sur le cours de l'euro ?

A. Non, parce qu'il y a 12 autres pays dans la zone euro.

B. Il y a une chance sur deux pour que cela ait des conséquences sur le cours de l'euro.

C. Oui, parce que l'économie allemande est la plus importante de la zone euro, et de loin.

D. Non. Le taux de chômage n'a aucun rapport avec le Forex.

Question n°18. Les ventes de logements existants aux Etats-Unis ont considérablement augmenté au cours du mois qui vient de s'écouler. Cela est-il bon ou mauvais pour le dollar ?

A. C'est bon. L'augmentation des ventes de logements indiquent que les consommateurs ont confiance en l'économie. Par ailleurs, l'économie est dynamisée par la recrudescence d'activité dans le secteur de la construction et de la rénovation.

B. C'est mauvais. Quand les Américains vendent leurs maisons, c'est généralement pour déménager dans des motels bon marché.

C. Les ventes de logements existants n'ont absolument aucun impact sur le cours du dollar.

D. C'est mauvais. Pour acheter une maison aux Etats-Unis, il faut des dollars. Plus on dépense de dollars, plus il y a de risques que la valeur de la monnaie chute.

Question n°19. En quoi consiste l'analyse technique ?

A. A analyser les forces qui ont un impact sur l'économie, comme la capacité de production, la confiance des consommateurs, le taux de chômage, etc.

B. A étudier la façon dont les cours des devises ont évolué dans le passé pour tenter de prédire comment ils se comporteront dans l'avenir.

C. A étudier les trades effectués dans le passé et, à partir de là, en déduire votre retour sur investissement annuel.

QUESTION N°20. DONNEZ LE NOM DE TROIS FIGURES QUE L'ON RETROUVE SUR LES GRAPHIQUES EN CHANDELIERS.

A. Le saké, le teriyaki et le sashimi.

B. Le harakiri, le banzai et le zéro.

C. Les trois soldats blancs, le harami et la couverture en nuage noir.

QUESTION N°21. COMMENT LE COURS D'UNE DEVISE ÉVOLUE-T-IL UNE FOIS QU'UN « DOUBLE TOP » (OU DOUBLE SOMMET) EST APPARU SUR UN GRAPHIQUE ?

A. Il baisse, parce que la tendance à la hausse n'est pas assez forte.

B. Il augmente, parce qu'un mouvement de prix devient plus fort une fois qu'il a tenté de briser un niveau de résistance.

C. Il atteint le même sommet une troisième fois.

D. Le cours ne fluctue presque plus, ne se déplaçant que de quelques pips par heure.

QUESTION N°22. QUE SE PASSE-T-IL GÉNÉRALEMENT À LA FIN D'UNE FIGURE ÉPAULE-TÊTE-ÉPAULE ?

A. Le prix baisse, parce que l'apparition de la deuxième épaule montre que les bulls perdent de la puissance.

B. Il augmente, parce que la deuxième épaule montre que les bulls rassemblent leurs forces avant de faire une nouvelle tentative, qui réussit généralement.

C. Le cours dessine ensuite bien souvent une sorte de hamac, formant ainsi une figure en smiley.

D. Une figure épaule-tête-épaule est souvent suivie d'une troisième épaule.

QUESTION N°23. QUELLE STRATÉGIE FAUT-IL ADOPTER QUAND UN TRIANGLE SYMÉTRIQUE SE FORME ?

A. Placer deux ordres d'entrée : le premier légèrement au dessus de la ligne de résistance en baisse, et le second un peu en dessous de la ligne de soutien en hausse.

B. Attendre qu'un breakout se produise.

C. Ouvrir une position longue.

D. Ouvrir une position courte.

QUESTION N°24. QUEL PRINCIPE SOUS-TEND LE CONCEPT DE SOUTIEN ET DE RÉSISTANCE ?

A. Certains niveaux de prix sont plus difficiles à franchir que les niveaux de prix « normaux ».

B. Certaines relations numériques qui peuvent être trouvées dans la nature

ont aussi un impact sur les cours des marchés financiers. La durée d'une tendance est limitée par ces relations numériques spéciales. Le niveau de prix situé sur le dessus de la tendance est appelé « résistance », et le niveau de prix qui se trouve en dessous est le « soutien ».
C. Le soutien et la résistance sont deux bandes de Bollinger opposées.

QUESTION N°25. PLUS LA PÉRIODE REPRÉSENTÉE SUR UN GRAPHIQUE EN CHANDELIERS EST COURTE, PLUS LES NIVEAUX DE SOUTIEN ET DE RÉSISTANCE SONT FORTS.
A. Vrai.
B. Faux.

QUESTION N°26. PLUS UN NIVEAU DE SOUTIEN OU DE RÉSISTANCE RÉSISTE À DES ATTAQUES, PLUS IL SE RENFORCE.
A. Vrai.
B. Faux.

QUESTION N°27. QU'EST-CE QU'UNE MOYENNE MOBILE SIMPLE ?
A. C'est la somme d'un certain nombre de prix de clôture, divisé par ce nombre.
B. C'est la somme d'un certain nombre de prix de clôture, divisé par ce nombre, ce qui donne plus de poids aux prix de clôture les plus récents.
C. La moyenne des prix moyens.
D. Un moyen peu fiable de mesurer le prix moyen. C'est parce qu'il est simpliste que ce système est qualifié de « simple ».

QUESTION N°28. QUE CELA SIGNIFIE-T-IL QUAND UN PRIX EST AU DESSUS DE LA MOYENNE MOBILE SIMPLE ?
A. Qu'il y a une tendance à la baisse.
B. Qu'il y a une tendance à la hausse.
C. Cela ne veut rien dire (c'est pourquoi on considère que la moyenne mobile simple n'est pas un indicateur fiable).

QUESTION N°29. QUE SONT LES SYSTÈMES DE CROISEMENT DE MOYENNES MOBILES ?
A. Des set-ups basés sur des situations où différentes moyennes mobiles se croisent.
B. Des moyennes mobiles qui sont créées en combinant plusieurs moyennes mobiles qui se croisent.
C. Des systèmes de trading fondés sur des moyennes mobiles qui ressemblent beaucoup aux bandes de Bollinger, un autre indicateur technique, d'où l'appellation de « croisement ».

QUESTION N°30. QUEL EST LE PRINCIPAL AVANTAGE DU RELATIVE STRENGTH INDEX ?
A. Il élimine le bruit du marché.
B. Il montre la force d'un niveau de soutien ou de résistance donné.
C. On peut utiliser cet outil pour faire du range trading.

D. Il montre où il y a une probabilité de retracement.

QUESTION N°31. SUR QUEL ÉLÉMENT SE FONDE L'UTILITÉ DE LA SUITE DE FIBONACCI SUR LE FOREX ?
A. Rien du tout.
B. La formule Fn = F(N-1) + F(n-2)
C. Le nombre d'or.

Partie IV Les stratégies de trading sur le Forex

QUESTION N°32. LES PRIX CONNAISSENT PLUS SOUVENT DES PHASES DE RANGE QUE DE VRAIES TENDANCES.
A. Vrai.
B. Faux.

QUESTION N°33. QU'EST QUE LE RETRACEMENT ?
A. Une technique qui permet à un trader de savoir comment son système de trading a évolué.
B. Le recul partiel d'un prix après une hausse ou une baisse significative.
C. Un set-up qui cherche à répéter ou à copier un trade effectué sur une paire de devises sur une autre paire de devises.
D. Le breakout d'un prix.

QUESTION N°34. POURQUOI LE TREND TRADING NE CONVIENT-IL PAS À TOUT LE MONDE ?
A. Parce qu'il faut avoir un capital de trading important pour s'y adonner.
B. Parce que c'est une façon de trader assez complexe, et qui est notamment trop difficile pour les débutants.
C. Parce qu'identifier une tendance est souvent très difficile.
D. Parce que tout le monde ne peut pas prendre sur soi et subir un grand nombre de petites pertes afin de faire un seul trade très rentable.

QUESTION N°35. QUEL EST LE MEILLEUR MOMENT POUR FAIRE DU RANGE TRADING ?
A. Quand vous avez beaucoup d'argent.
B. Pendant la session européenne.
C. Quand le marché est relativement calme.
D. Le samedi.

QUESTION N°36. PLUS DEUX DEVISES SONT INTERDÉPENDANTES, PLUS LA PAIRE DE DEVISES QU'ELLES FORMENT CONNAITRA DES PÉRIODES DE RANGE.
A. Vrai.
B. Faux.

QUESTION N°37. QUEL INDICATEUR TECHNIQUE EST-IL LE PLUS EFFICACE POUR IDENTIFIER UN TRADE RANGE POTENTIEL ?

A. Le relative strength index.
B. Les moyennes mobiles exponentielles.
C. Les moyennes mobiles simples.
D. Les bandes de Bollinger.

QUESTION N°38. QUE NE FAUT-IL JAMAIS FAIRE APRÈS AVOIR MIS EN PLACE UN TRADE RANGE ?

A. Continuer à courir après le breakout une fois que votre stop loss a été déclenché.
B. Mettre en place des stop loss trop serrés.
C. Perdre de vue la façon dont le prix évolue réellement.
D. Trader la tendance avec une autre paire de devises.

QUESTION N°39. QU'EST-CE QUE LE SCALPING ?

A. Une tradition qui oblige les traders à se raser la tête s'ils ont terminé l'année avec un retour sur investissement négatif.
B. Une stratégie qui consiste à miser l'intégralité d'un capital de trading sur un seul trade et à fermer la position une fois que le bénéfice est égal au double du spread.
C. Ouvrir une position peu à peu, afin de limiter les risques.
D. Ouvrir des positions sur de très courtes périodes pour faire des petits bénéfices rapidement.

QUESTION N°40. CONSIDÈRE-T-ON QUE LE SCALPING EST UNE STRATÉGIE ADAPTÉE AUX DÉBUTANTS ?

A. Non, parce que cela nécessite beaucoup de discipline et de résistance au stress.
B. Oui, parce qu'on n'a pas besoin de mettre en place de vraie stratégie : tout est dans le timing.
C. Oui, parce qu'on ne mise que des petites sommes.
D. Non, parce qu'il faut obligatoirement mettre en jeu de grosses sommes.

QUESTION N°41. EN QUOI CONSISTE LE TRADING DE CASSURE ?

A. A adopter un nouveau système de trading.
B. A ouvrir une position au moment où le prix franchit un niveau de résistance ou de soutien.
C. A ouvrir une position en plein renversement de tendance.
D. A trader sans avoir mis au point de stratégie.

QUESTION N°42. QUAND ON MISE CONTRE LE BREAKOUT, QUE FAIT-ON ?

A. On ouvre une position au moment où la cassure semble vouée à l'échec.
B. On ouvre une position quand la cassure donne naissance à une tendance

solide.

C. On ouvre une position quand le breakout est terminé et que le prix a retrouvé le niveau qu'il avait au tout début de la cassure.

D. On ferme une position basée sur un breakout.

QUESTION N°43. MISER CONTRE LE BREAKOUT EST PRINCIPALEMENT UNE STRATÉGIE DE LONG TERME.

A. Vrai.

B. Faux.

QUESTION N°44. COMMENT FONCTIONNENT LES CARRY TRADES ?

A. On achète une devise à faible taux d'intérêt et on vend une devise à taux d'intérêt élevé.

B. On vend une devise à faible taux d'intérêt et on achète une devise à faible taux d'intérêt.

QUESTION N°45. VOICI, CI-DESSOUS, UN GRAPHIQUE EN CHANDELIERS REPRÉSENTANT LE COURS DE L'EUR/USD JUSTE APRÈS LA PUBLICATION DES CHIFFRES DES EMPLOIS NON AGRICOLES, QUI RÉVÈLENT QUE LE TAUX DE CHÔMAGE A AUGMENTÉ PLUS QUE PRÉVU. EST-CE UN BON MOMENT POUR OUVRIR UNE POSITION SUR L'EUR/USD ?

A. Oui, parce qu'il y a une très nette tendance à la baisse.

B. Non. Même le prix si baisse, la période représentée sur le graphique est trop courte pour que l'on puisse parler de tendance. Il est donc très difficile d'entrer sur le marché.

C. Il n'est jamais raisonnable d'ouvrir de position dans ce genre de situation.

D. Mieux vaut attendre. Si la tendance est toujours présente au bout d'une heure, cela peut se révéler judicieux d'entrer sur le marché.

Partie V Comment devenir un bon trader

QUESTION N°46. POURQUOI LA PLUPART DES TRADERS PERDENT-ILS DE L'ARGENT SUR LE FOREX ?

A. Parce qu'ils n'ont pas de système de trading.
B. Parce qu'ils ont des attentes irréalistes.
C. Parce qu'ils ne veulent pas investir le temps et l'argent nécessaires.
D. A), B), et C)

QUESTION N°47. EST-IL IMPORTANT DE S'AUTO-ÉVALUER QUAND ON VEUT APPRENDRE LE TRADING ?

A. Non, cela ne sert à rien quand on a une stratégie de trading solide.
B. Oui, pour savoir quel type de système vous convient le mieux.
C. Non, ce n'est pas utile quand on compte utiliser des systèmes de trading automatique.

QUESTION N°48. QU'EST-CE QU'UN SET-UP ?

A. Un certain nombre de critères qui doivent être remplis pour qu'une position puisse être ouverte.
B. Toute stratégie de trading qui utilise les bandes de Bollinger.
C. Un trade qui se retourne contre vous juste avant que votre objectif de rentabilité ne soit atteint.
D. Un trade qui n'est pas accompagné par un objectif de rentabilité.

QUESTION N°49. QU'EST-CE QUI EST LE PLUS IMPORTANT : UNE BONNE STRATÉGIE DE SORTIE OU UNE BONNE STRATÉGIE D'ENTRÉE ?

A. Elles sont aussi importantes l'une que l'autre.
B. Une bonne stratégie de sortie.
C. Une bonne stratégie d'entrée.

QUESTION N°50. LA TAILLE D'UNE POSITION N'A RIEN À VOIR AVEC LE RATIO RISQUE/RENDEMENT.

A. Vrai.
B. Faux.

QUESTION N°51. L'OBJECTIF PRINCIPAL, QUAND ON DÉTERMINE LA TAILLE D'UNE POSITION, EST DE :

A. Maximiser les profits.
B. Minimiser les risques.
C. Ouvrir autant de trades que possible en même temps.
D. Utiliser au mieux votre capital de trading.

Question n°52. Le trader X a un capital de trading de 500 $ et il met en jeu 75 $ par trade. Il vient tout juste de commencer à trader sur le Forex et il estime que sa stratégie de trading produit des trades gagnants 60% du temps. Calculez la taille de ses positions et déterminez si elle est acceptable ou si elle est trop risquée.

A. La taille de ses positions est de 15%, ce qui est trop risqué. Elle devrait être de 6%.

B. La taille de ses positions est de 15%, ce qui est convenable.

C. La taille de ses positions est de 6%, ce qui est convenable.

D. Ces données ne sont pas suffisantes pour calculer la taille de ses positions.

Question n°53. Quand un trader a une espérance de gain de 5,6% par position et risque 24 $ par position, quelle est son espérance de gain exprimée en termes de taille de position ?

A. 5,6 $.

B. 23 cents.

C. 46 cents.

D. Ces données ne sont pas suffisantes pour calculer la taille de ses positions.

Question n°54. Quelle est une bonne règle de base pour déterminer la taille maximale d'une position ?

A. Elle doit représenter 1/5 du capital de trading.

B. Elle doit représenter 1/10 du capital de trading.

C. Elle doit représenter 1/10 du pourcentage de trades gagnants.

D. Elle doit représenter 1/100 de votre capital de trading.

Question n°55. Y-a-t-il des situations dans lesquelles on ne devrait pas trader ?

A. Il y a plusieurs situations dans lesquelles il est préférable de ne pas trader.

B. Oui, si on est débutant, mais les traders expérimentés doivent être capables de trader dans n'importe quelles conditions.

C. Tout dépend de votre système de trading.

Question n°56. Lire des livres et des articles sur le Forex et beaucoup s'entrainer n'est pas si important que cela. Les meilleurs traders (ceux qui n'ont pas encore trente ans et ont déjà gagné des millions en tradant sur le Forex en ligne) utilisent avant tout leur instinct.

A. Faux.

B. Vrai.

C. Peut-être.

Question N°57. Un bon trader peut gagner de l'argent avec chaque trade.

A. Vrai.

B. Faux.

Questions bonus.

Question N°58. Vous débutez dans le trading et vous avez ouvert une position pour spéculer sur la hausse de l'euro. Vous avez mis en place un stop loss à 30 pips. Au bout d'une demi-heure, le trade est très proche de votre stop loss, mais vous avez le pressentiment que les choses vont évoluer en votre faveur. Que faites-vous ?

A. Un bon trader se fie à son instinct. Vous écoutez votre intuition et vous déplacez votre stop loss pour donner plus de marge à votre trade.

B. Vous consultez les informations économiques pour savoir si des évènements vont dans le même sens que votre intuition. Si oui, vous déplacez le stop loss. Sinon, vous ne déplacez le stop loss que si votre pressentiment ne change pas.

C. Rien du tout.

D. Vous ouvrez un deuxième trade, avec le même objectif que le premier. Vous laissez le stop loss du premier trade en place.

Question N°59. Vous êtes un day trader et vous avez une journée difficile. Vous avez ouvert six trades, qui ont tous été clôturés automatiquement. Vous êtes contrarié. Que faites-vous ?

A. Vous reprenez courage et vous ouvrez six nouveaux trades.

B. Vous reprenez courage, vous ouvrez six nouveaux trades et vous leur laissez davantage de marge qu'aux trades précédents (en plaçant des stop loss moins serrés).

C. Vous décidez que vous avez assez tradé pour aujourd'hui.

Question N°60. Vous êtes un day trader. Il y a une heure, vous avez ouvert une position en vous basant sur une analyse solide, mais, pour l'instant, il ne s'est encore rien passé. Le prix a un peu augmenté, il a un peu baissé, a à nouveau augmenté un peu, mais il ne s'est jamais approché de votre stop loss ou de votre objectif de rentabilité. Que faites-vous ?

A. Vous fermez la position et vous ne tradez plus de la journée.

B. Rien du tout.

C. Vous fermez la position et vous cherchez des situations plus avantageuses.

Annexe I

Réponses

1	B	21	A	41	B
2	A	22	A	42	C
3	D	23	A	43	B
4	B	24	A	44	B
5	D	25	B	45	A
6	A	26	A	46	D
7	B	27	A	47	B
8	A	28	B	48	A
9	B	29	A	49	B
10	C	30	A	50	B
11	B	31	A	51	B
12	C	32	A	52	A
13	C	33	B	53	B
14	D	34	D	54	C
15	A	35	C	55	A
16	A	36	A	56	A
17	C	37	D	57	B
18	A	38	A	58	C
19	B	39	D	59	C
20	C	40	A	60	B

Explications des réponses

Ci-dessous, vous trouverez les explications aux réponses du quiz. Vous avez d'autres Questions ? Rendez-vous sur www.forexforambitiousbeginners.com

Partie I Fonctionnement du Forex

Question n°1. Qu'est-ce que l'étalon-or ?

A) *Les armoiries de la famille de Louis XIV, le Roi-Soleil, qui a été le premier à trader sur le Forex. Son cheval, à la magnifique robe dorée, est devenu le symbole officiel du Forex.* Hum, vraiment, vous avez besoin d'une explication pour comprendre pourquoi ce n'est pas la bonne réponse ?

B) *Une façon d'exprimer le prix d'une monnaie à partir d'un poids fixe d'or.* **C'est la bonne réponse. L'étalon-or est un système qui a été adopté par de nombreux pays au cours du XIXème siècle. Grâce à lui, on était assuré de pouvoir échanger une monnaie contre un montant fixe d'or auprès du gouvernement. L'étalon-or s'est révélé difficile à maintenir, parce qu'il rendait toute politique monétaire pratiquement impossible. A l'exception des Etats-Unis, tous les pays ont abandonné l'étalon-or pendant la Première Guerre mondiale. Les Etats-Unis leur ont emboîté le pas en 1933 à cause de la Grande Dépression.**

C) *Une façon d'exprimer la valeur d'une monnaie en dollars américains.* En 1944, les Alliés ont décidé à Bretton Woods que le dollar américain serait à nouveau relié à l'étalon-or, tandis que les autres monnaies seraient rattachées au dollar américain, un système connu sous le nom de « Gold Exchange Standard ». Même si la réponse C n'est pas la bonne, il y a bel et bien existé une période pendant laquelle les monnaies de nombreux pays de premier plan ont été rattachées au dollar américain. Le Gold Exchange Standard s'est terminé dans les années 1970, quand les Etats-Unis ont abandonné l'étalon-or pour la deuxième fois.

D) *0,618, le nombre magique de la séquence de Fibonacci.* Le nombre 0,618 est aussi connu sous le nom de « nombre d'or », mais pas d'étalon-or.

Question n°2. Laquelle de ces quatre monnaies est-elle « la » devise de réserve mondiale ?

A) *Le dollar américain.* **Le billet vert reste en effet la devise la plus importante du monde : tous les pays possèdent d'importantes quantités de dollars, le dollar fait partie des cinq paires de devises majeures et les prix de marchandises comme l'or, le pétrole, le gaz naturel et**

les céréales sont tous fixés en dollars.

B) *L'euro.* La monnaie commune de l'Union Européenne est de plus en plus souvent considérée comme une monnaie de réserve (et ce même pendant la crise de l'euro), parce que de nombreux pays souhaitent limiter leur dépendance au dollar américain. Toutefois, même si l'on fait exception de la crise de l'euro, la monnaie commune a encore bien du chemin à faire si elle veut devenir l'égale du dollar.

C) *Le yuan.* Le yuan a le vent en poupe, mais il ne fait pas encore partie du Forex, car ce n'est pas une monnaie flottante. Il ne figure pas non plus sur la liste des devises sur laquelle se basent les DTS (les droits de tirage spéciaux), qui est la monnaie du FMI. La Chine aimerait que les DTS soient la seule et l'unique monnaie de réserve. Ce sera peut-être le cas dans l'avenir, mais cela restera impossible tant que le yuan ne pourra pas être échangé librement ou qu'il ne fera pas partie du DTS.

D) *Les droits de tirage spéciaux, la devise du FMI, qui correspond à la moyenne des six devises majeures.* Les droits de tirage spéciaux, la monnaie du FMI, ont une valeur équivalant à la moyenne des six devises les plus importantes. Comme nous l'avons déjà dit, il est possible que cette monnaie artificielle devienne un jour la monnaie de réserve mondiale, mais ce n'est pas encore d'actualité.

QUESTION N°3. OÙ EST BASÉ LE FOREX ?

A) *A Francfort.* Le Forex ne possède pas de bourse centrale ; la réponse D est donc juste. Francfort est toutefois une place financière majeure : c'est là que se trouve le siège de la Banque centrale européenne.

B) *A Londres.* Une autre place financière de premier plan.

C) *A New York.* Une place boursière majeure, mais qui n'est pas le siège du Forex.

D) *Nulle part.* **Bonne réponse. En réalité, le Forex n'est basé nulle part. Il est formé par un réseau de banques qui échangent des devises entre elles via les plateformes Electronic Brokering Services (EBS) et Reuters Dealing 3000. Le marché des changes n'a pas d'adresse à Wall Street et il n'existe pas d'autorité centrale, ni d'autres heures d'ouverture que celles des banques du monde entier. C'est la raison pour laquelle le Forex ne ferme que pendant le week-end.**

QUESTION N°4. QUAND LE FOREX EST-IL OUVERT ?

A) *5 jours par semaine, 12 heures par jour.* Et non.

B) *5 jours par semaine, 24 heures sur 24.* **Oui, c'est juste. Les heures d'ouverture du Forex sont en effet les mêmes que celles des banques. Tant qu'il y a une banque ouverte quelque part sur la planète, on peut trader des devises. Avec le décalage horaire, les banques sont ouvertes 24 heures sur 24, sauf pendant le week-end.**

C) *Du lundi au jeudi, 24 heures sur 24.* Les banques ouvrent du lundi au vendredi, pas du lundi au jeudi.

D) *En permanence.* Comme le Forex n'est basé nulle part et que tout se passe de façon électronique, on pourrait penser que le marché des changes est toujours ouvert. Cependant, même si l'internet ne ferme jamais, les banques, si.

QUESTION N°5. QUI RÉGULE LE FOREX ?

A) *La National Futures Association (NFA).* La NFA joue un rôle important dans la régulation des courtiers de Forex basés aux Etats-Unis, mais tous les brokers ne sont pas installés au pays de l'oncle Sam. Au contraire, avec le Dodd–Frank Wall Street Reform and Consumer Protection Act de 2010, les règles financières sont devenues très strictes, et de nombreux courtiers ont quitté le marché américain.

B) *La Financial Conduct Authority (FCA).* Le chien garde du Royaume-Uni en matière de finance. Cette organisation joue un rôle important parce que Londres est une place financière de premier plan, mais ce n'est pas elle qui régule le Forex.

C) *Le Fonds marxiste de redistribution des richesses (FMRR).* Le Fonds marxiste de redistribution des richesses (FMRR). Euh, bon... non, bien sûr (toute ressemblance entre cette organisation fictive et une organisation bien réelle qui tente de redistribuer les fonds à partir des principes du marxisme est purement fortuite).

D) *Le Forex n'est régulé par aucune autorité centrale.* **Effectivement, il n'y en a pas.**

QUESTION N°6. VOUS VOULEZ SPÉCULER SUR LA HAUSSE DU YEN PAR RAPPORT AU DOLLAR AMÉRICAIN. QUE DEVRIEZ-VOUS FAIRE ?

A) *Ouvrir une position longue sur le yen, c'est-à-dire ouvrir une position courte sur l'USD/JPY.* **C'est juste. Quand on achète une devise, on** ouvre une position longue, et, quand on la vend, on ouvre une position courte. Si vous pensez que le prix du yen par rapport au dollar va augmenter, il faut ouvrir une position courte sur l'USD/JPY : vous spéculez ainsi sur le fait qu'on pourra acheter moins de yens avec un dollar.

B) *Ouvrir une position courte sur le yen, c'est-à-dire ouvrir une position longue sur l'USD/JPY.* C'est malheureusement tout l'inverse.

C) *Ouvrir une position longue sur le dollar.* Non, vous ouvrez une position longue sur le dollar quand vous pensez que son prix va augmenter.

D) *A et C.* Non, parce que la réponse C est fausse.

QUESTION N°7. QU'EST-CE QUE LE « SPREAD » ?

A) *Le Heinz Sandwich Spread, une sauce à base de mayonnaise typiquement britannique que l'on appelle souvent tout simplement le « spread ».* Ils auraient sans doute adoré ça chez Heinz, mais ce n'est pas la bonne réponse.

B) *La différence entre le prix de vente et le prix d'achat d'une paire de devises.* **Oui. Le spread est aussi la façon dont un courtier gagne de l'argent, en facturant la différence entre le prix de vente et le prix d'achat.**

C) *La différence entre le stop loss et l'objectif de rentabilité.* Non, rien à voir.

D) *Un film policier érotique des années 80.* Malheureusement non (avertissement pour tous ceux qui pensent être des spécialistes des films policiers érotiques des années 1980 : toute ressemblance entre le spread sur le Forex et un éventuel film policier érotique baptisé « Spread » est purement fortuite).

QUESTION N°8. QUE SONT LES « CROSS » ?

A) *Des paires de devises qui n'incluent pas le dollar américain.* **Bonne réponse**.

B) *Des devises qui forment une paire.* Sur le Forex, toutes les devises peuvent être échangées entre elles.

C) *Des devises qui sont associées à trois autres devises.* Pour l'instant, il n'y a eu aucune naissance de triplés sur le Forex.

D) *Les devises des pays chrétiens, comme le dollar américain et la livre sterling.* Allons, rassurez-moi, dites-moi que vous n'avez quand même pas choisi cette réponse !

Question n°9. Qu'est-ce qu'un pip ?

A) *Deux trades perdants de suite.* Ce phénomène est si banal qu'on n'a même pas besoin de nom spécial pour le désigner. Donc non, ce n'est pas ça.

B) *La plus petite part mesurable du prix d'une monnaie, souvent le quatrième chiffre après la virgule.* **Oui, c'est la bonne réponse.**

C) *Un terme qui signifie « bankroll » dans le jargon du Forex.* Cela aurait été chouette, mais non, ce n'est pas ça.

D) *Un niveau de prix qu'une paire de devises a du mal à dépasser.* Non, ça, c'est ce que l'on appelle la résistance ou le soutien.

Partie II Comment trader sur le Forex

Question n°10. Laquelle de ces quatre propositions peut-elle être considérée comme une bonne règle de base en matière de gestion de fonds ?

A) *Ne jamais risquer plus de 10% de votre capital de trading.* Non. En plus du fait que c'est trop, cela ne tient pas compte du type de système de trading que vous utilisez.

B) *Ne jamais risquer plus de 20% de votre capital de trading.* C'est encore pire.

C) *Disposer d'au moins 10 fois le montant nécessaire pour obtenir un trade gagnant.* **Bonne réponse. Cela vous éviterait de perdre l'intégralité de votre capital de trading, sans être excessivement prudent.**

D) *Disposer d'au moins 20 fois le montant nécessaire pour obtenir un trade gagnant.* C'est un peu trop prudent.

Question n°11. Qu'est-ce qu'un retour sur investissement sur le Forex réaliste ?

A) *Un retour sur investissement annuel de 35%.* Cette question est souvent posée sur internet. Même si on dit souvent qu'un retour sur investissement de 35% est possible, ce n'est fondé sur rien de concret. La réponse dépend en fait du genre de trading que vous pratiquez. Si vous êtes un scalper et que vous commencez avec un capital de 1000 $, un système à l'espérance de gain positive et dix heures de trading par jour, il est tout à possible de disposer d'un capital de 10 000 $ en moins d'un an.

B) *Cela dépend de votre système de trading.* **Tout à fait.**

C) *Un retour sur investissement annuel compris entre 8 et 10%.* Ce genre de pourcentage est ce à quoi on peut s'attendre en général quand on investit prudemment sur les actions. Cela n'a toutefois rien à voir avec le Forex.

D) *Une Ferrari, un yacht et une villa par an.* Tout dépend de votre système de trading et du capital dont vous disposez. Un bon trader qui a 10 millions de dollars à sa disposition pourra peut-être mettre toutes ces choses dans son caddie lors de la foire annuelle des millionnaires, mais, encore une fois, les meilleurs traders préféreraient utiliser cet argent pour gagner encore plus l'année d'après !

QUESTION N°12. VAUT-IL MIEUX COMMENCER AVEC UN COMPTE DÉMO OU AVEC UN COMPTE EN ARGENT RÉEL ?

A) *Un compte démo.* Cela semble être la réponse évidente, mais, pour la majorité des débutants, ce n'est pourtant pas la meilleure. En effet, on ne trade pas de la même manière quand on met en jeu de l'argent réel et quand on mise de l'argent fictif. Un compte démo est un bon choix quand on veut découvrir une plateforme de trading ou tester une stratégie, mais ce n'est pas parce qu'on est un bon trader en mode démo qu'on le sera dans la vraie vie.

B) *Un compte en argent réel.* Que vous soyez un débutant ou un trader expérimenté, il est judicieux d'avoir à la fois un compte démo et un compte en argent réel : vous pourrez ainsi tester de nouvelles stratégies et plateformes de trading.

C) *Les deux.* **C'est tout simplement la meilleure réponse.**

Partie III Comprendre et anticiper les variations des prix

QUESTION N°13. EN QUOI CONSISTE L'ANALYSE FONDAMENTALE ?

A) *A vous faire exploser au milieu de la foule quand les autres ne sont pas d'accord avec votre analyse.* Cela fait un petit bout de temps que cette forme d'analyse terroriste n'est plus à la mode sur le Forex.

B) *C'est une analyse basée sur des convictions inébranlables.* Plutôt que de l'analyse fondamentale, ce serait une forme d'analyse fondamentaliste qui, comme elle n'est pas du tout basée sur des faits concrets, devrait être limitée aux dimanches (ou aux samedis, ou aux lundis, ou à n'importe quel autre jour de la semaine).

C) *A analyser les forces qui régissent l'économie, comme la capacité de production, la confiance des consommateurs, les chiffres du chômage, etc.* **C'est la bonne réponse.**

D) *A étudier les mouvements du prix dans le passé pour essayer de prédire la façon dont ils évolueront dans le futur.* C'est la définition de l'analyse technique.

QUESTION N°14. LA RÉSERVE FÉDÉRALE (LA FED) ANNONCE QU'ELLE VA AUGMENTER SON TAUX D'INTÉRÊT DE 0,25%. LES ANALYSTES N'ONT PAS ANTICIPÉ CETTE HAUSSE. QUE VA-T-IL ARRIVER AU DOLLAR, EN TOUTE PROBABILITÉ ?

A) *Il va chuter.* Si les taux d'intérêt augmentent, emprunter de l'argent sera plus cher (et en prêter deviendra plus lucratif). La valeur du dollar augmentera donc fort probablement, tout particulièrement parce que la hausse des taux d'intérêt n'était pas prévue.

B) *Rien du tout. Le taux d'intérêt de la Fed n'a rien à voir avec le cours du dollar.* Au contraire, la politique d'une banque centrale sur les taux d'intérêt est clairement liée à l'évolution d'une monnaie.

C) *Impossible de savoir. Lorsqu'une hausse inattendue du taux d'intérêt est annoncée, il y a une chance sur deux pour que le dollar augmente.* Faux : il y a de grandes chances pour que le dollar prenne de la valeur (parce que le crédit deviendra plus cher), d'autant plus que l'augmentation du taux d'intérêt était inattendue.

D) *Il va augmenter.* **C'est juste.**

QUESTION N°15. LORS DE SA CONFÉRENCE DE PRESSE MENSUELLE, LE PRÉSIDENT DE LA BANQUE CENTRALE EUROPÉENNE DÉCLARE QUE L'INFLATION DANS LA ZONE EURO EST PLUS FORTE QUE PRÉVUE ET SE MONTE À 2,8%. IL AJOUTE QU'ELLE EST SUPÉRIEURE À L'OBJECTIF, QUI SE SITUE ENTRE 0,5% ET 2%. QUE CELA SIGNIFIE-T-IL ?

A) *Cela indique qu'il est possible que la BCE augmente son taux d'intérêt bientôt. L'euro va donc certainement augmenter.* **Oui, c'est correct. Conserver la stabilité des prix dans la zone euro est une des principales missions de la Banque centrale européenne. L'objectif de la BCE est une inflation comprise entre 0,5% et 2%. Lorsqu'elle dépasse les**

2% et que la BCE ne s'attendait pas à une telle hausse, il y a de fortes chances pour que le taux d'intérêt augmente si l'inflation reste élevée. Et une hausse du taux d'intérêt signifie généralement que l'euro va prendre de la valeur.

B) *Cela signifie qu'il est possible que la BCE baisse son taux d'intérêt bientôt. L'euro va donc certainement baisser.* En fait, c'est tout l'inverse.

C) *L'inflation entre peu en compte dans la politique de la BCE. Il est donc fort probable qu'il ne se passe rien du tout.* Au contraire, l'inflation est un des principaux facteurs pris en compte par la BCE pour mettre au point sa politique, parce que préserver la stabilité des prix est sa priorité absolue.

D) *La BCE ne prend des mesures que lorsque l'inflation dépasse les 5% pendant au moins 12 mois. Il ne se passera donc sans doute rien du tout.* Un taux d'intérêt de 5% sur une période aussi longue serait absolument inacceptable pour la BCE. Elle n'attendrait pas un an avant d'agir.

QUESTION N°16. LE MINISTÈRE DES FINANCES JAPONAIS ANNONCE QU'IL VA STIMULER L'ÉCONOMIE EN INJECTANT DES FONDS DANS LE SYSTÈME MONÉTAIRE. LE YEN VA-T-IL AUGMENTER OU CHUTER, ET POURQUOI ?

A) *Il baissera, parce que, quand il y a plus d'argent dans le système monétaire, un yen coûte moins cher.* **Correct. Les programmes de relance comme l'achat de bons du trésor japonais par la Banque centrale japonaise (une technique également connue sous le nom d' « assouplissement quantitatif ») augmentent la réserve d'argent. Plus il y a d'argent, plus c'est facile d'en obtenir. Et plus c'est facile d'en obtenir, plus les taux d'intérêt sont faibles quand on veut emprunter.**

B) *Il augmentera, parce que, quand il y a plus d'argent dans le système monétaire, un yen coûte plus cher.* Ce serait le monde à l'envers. Quand on injecte davantage d'argent dans le système monétaire, il ne devient pas plus cher. Pensez à l'Allemagne des années 1930. A cause de l'hyper inflation, la valeur du Deutsche Mark a été réduite à presque rien et les prix ont considérablement augmenté, à tel point qu'une saucisse coûtait alors 30 millions de marks (et comme l'Allemagne produit beaucoup de saucisses, elles devaient certainement être très bon marché au départ).

C) *Il baissera, parce que les traders vont perdre confiance en l'économie japonaise.* Quand le gouvernement décide qu'il est temps de stimuler l'économie, on peut dire que la confiance est déjà assez basse. Seuls les investisseurs se réjouiront de la relance de l'économie par l'injection d'argent dans le système monétaire. La confiance en l'économie augmenterait ainsi plus qu'elle ne baisserait.

D) *Il augmentera, parce que les traders s'attendent à ce que cette mesure stimule l'économie.* Bien entendu, il reste à voir si cette mesure entrainera ou pas une reprise de la croissance économique. En attendant, l'afflux d'argent augmentera l'inflation, causant une chute du prix du yen par rapport à celui d'autres devises.

Question n°17. Le taux de chômage allemand a subi une hausse inattendue. Cela peut-il avoir un impact sur le cours de l'euro ?

A) *Non, parce qu'il y a onze autres pays dans la zone euro.* En fait, 19 pays, et non 13, participent à l'euro, mais l'Allemagne est de loin le membre le plus important de la zone euro. Son PIB représente ainsi environ 30% du PIB européen.

B) *Il y a une chance sur deux pour que cela ait des conséquences sur le cours de l'euro.* Comme l'économie allemande est considérée comme le moteur de la zone euro, il n'y a pas seulement une chance sur deux pour que l'augmentation du taux de chômage allemand ait un impact sur l'euro. Il y a en réalité de fortes chances pour que le cours de l'euro chute. L'augmentation du taux de chômage est souvent le signe d'une économie qui s'affaiblit, et une économie allemande en mauvaise santé pourrait tout à fait porter un coup aux autres pays de la zone euro.

C) *Oui, parce que l'économie allemande est la plus importante de la zone euro, et de loin.* **Bonne réponse.**

D) *Non. Le taux de chômage n'a aucun rapport avec le Forex.* Les chiffres de l'emploi sont un des indicateurs économiques les plus importants pour une devise. En effet, le taux chômage a une influence directe sur la confiance des consommateurs et la consommation intérieure. Il donne également des indications sur la santé du secteur privé.

Question n°18. Les ventes de logements existants aux Etats-Unis ont considérablement augmenté au cours du mois qui vient de s'écouler. Cela est-il bon ou mauvais pour le dollar ?

A) *C'est bon. L'augmentation des ventes de logements indiquent que les consommateurs ont confiance en l'économie. Par ailleurs, l'économie est dynamisée par la recrudescence d'activité dans le secteur de la construction et de la rénovation.* **Bonne réponse.**

B) *C'est mauvais. Quand les Américains vendent leurs maisons, c'est gé-néralement pour déménager dans des motels bon marché.* N'importe quoi.

C) *Les ventes de logements existants n'ont absolument aucun impact sur le cours du dollar.* Les ventes de logements existants font partie des données économiques qui influencent le plus le cours du dollar.

C'EST MAUVAIS. POUR ACHETER UNE MAISON AUX ETATS-UNIS, IL FAUT DES DOLLARS. PLUS ON DÉPENSE DE DOLLARS, PLUS IL Y A DE RISQUES QUE LA VALEUR DE LA MONNAIE CHUTE. PINCEZ-VOUS TRÈS FORT SI VOUS AVEZ RÉPONDU CELA (ALLEZ, ENCORE, MAIS PLUS FORT CETTE FOIS-CI).

QUESTION N°19. EN QUOI CONSISTE L'ANALYSE TECHNIQUE ?

A) *A analyser les forces qui ont un impact sur l'économie, comme la capacité de production, la confiance des consommateurs, le taux de chômage, etc.* C'est malheureusement la définition de l'analyse fonda-mentale.

B) *A étudier la façon dont les cours des devises ont évolué dans le passé pour tenter de prédire comment ils se comporteront dans l'avenir.* **Oui. On peut étudier les mouvements des prix dans le passé grâce aux graphiques en chandeliers et aux indicateurs techniques comme les bandes de Bollinger, le relative strength index, etc.**

C) *A étudier les trades effectués dans le passé et, à partir de là, en dé-duire votre retour sur investissement annuel.* Et non.

QUESTION N°20. DONNEZ LE NOM DE TROIS FIGURES QUE L'ON RETROUVE SUR LES GRAPHIQUES EN CHANDELIERS.

A) *Le saké, le teriyaki et le sashimi.* « Garçon, est-ce que je pourrais avoir un peu de wasabi pour aller avec mon sushi ? »

B) *Le harakiri, le banzai et le zéro.* Si vous avez choisi cette réponse, vous aimerez sans doute aussi le seppuku.

C) Les trois soldats blancs, le harami et la couverture en nuage noir. **Et oui, c'est bien ça, même si ces noms pourraient être tout droit sortis d'un Kamasutra à la japonaise (si tant est que cela existe).**

QUESTION N°21. COMMENT LE COURS D'UNE DEVISE ÉVOLUE-T-IL UNE FOIS QU'UN « DOUBLE TOP » (OU DOUBLE SOMMET) EST APPARU SUR UN GRAPHIQUE ?

A) *Il baisse, parce que la tendance à la hausse n'est pas assez forte.* **Les niveaux de résistance et de soutien deviennent souvent plus forts à chaque attaque qu'ils repoussent. C'est normal, parce que de plus en plus de traders basent leurs stratégies d'entrée et de sortie sur ces niveaux de prix qui se sont avérés difficiles à franchir. Dans le cas du double top, il est tout à fait possible que les bulls reculent pendant un moment.**

B) *Il augmente, parce qu'un mouvement de prix devient plus fort une fois qu'il a tenté de briser un niveau de résistance.* Cela n'a aucun sens : à chaque tentative infructueuse, le prix a davantage de mal à trouver la force nécessaire pour créer une cassure, et il est donc peu probable qu'un breakout se produise.

C) *Il atteint le même sommet une troisième fois.* Pourquoi pas, mais, dans la plupart des cas, le prix n'atteindra pas le même niveau une troisième fois, tout du moins pendant un certain temps.

D) *Le cours ne fluctue presque plus, ne se déplaçant que de quelques pips par heure.* Quand les prix stagnent, cela signifie que les bulls et les bears s'équilibrent, ce qui est très peu probable quand les bulls ont déjà été repoussés à deux reprises.

QUESTION N°22. QUE SE PASSE-T-IL GÉNÉRALEMENT À LA FIN D'UNE FIGURE ÉPAULE-TÊTE-ÉPAULE ?

A) *Le prix baisse, parce que l'apparition de la deuxième épaule montre que les bulls perdent de la puissance.* **Cette situation ressemble beaucoup à celle du double top. Même si les bulls ont réussi à créer un deuxième sommet encore plus haut (la tête), leur prochaine tentative révèle qu'ils ont perdu de la force (la deuxième épaule). Il est maintenant fort probable que le prix baisse, parce que leur élan a disparu.**

B) *Il augmente, parce que la deuxième épaule montre que les bulls rassemblent leurs forces avant de faire une nouvelle tentative, qui réussit généralement.* Cela ressemble un peu à l'intrigue des films de la série *Rocky* (1 à 4). Cela fonctionne parfaitement à Hollywood, mais pas à Wall Street.

C) *Le cours dessine ensuite bien souvent une sorte de hamac, formant ainsi une figure en smiley.* Ça serait amusant, mais c'est du grand n'importe quoi.

D) *Une figure épaule-tête-épaule est souvent suivie d'une troisième épaule.* Cela se produit parfois, mais généralement quand le prix baisse.

Question n°23. Quelle stratégie faut-il adopter quand un triangle symétrique se forme ?

A) *Placer deux ordres d'entrée : le premier légèrement au dessus de la ligne de résistance en baisse, et le second un peu en dessous de la ligne de soutien en hausse.* **C'est juste. Un triangle symétrique signale souvent qu'un breakout est imminent, mais que sa direction n'est pas claire. Pour pouvoir profiter de la cassure, on peut placer deux ordres : le premier au cas où le prix augmente, l'autre au cas où le prix baisse.**

B) *Attendre qu'un breakout se produise.* C'est également envisageable, mais on risquerait de ne pas pouvoir tirer profit du breakout : voilà pourquoi ce n'est pas la meilleure réponse.

C) *Ouvrir une position longue.* Très bien, mais que fait-on si le breakout va dans la direction opposée ? Comme nous l'avons dit, il est difficile de savoir dans quelle direction une cassure se produira.

D) Ouvrir une position courte. Même problème que dans la réponse C.

Question n°24. Quel principe sous-tend le concept de soutien et de résistance ?

A) *Certains niveaux de prix sont plus difficiles à franchir que les niveaux de prix « normaux ».* **Oui. Cela a tout à avoir avec le comportement des hommes. Par exemple, les niveaux de résistance et de soutien correspondent souvent à des nombres bien ronds, tout comme les niveaux de prix qui se sont avérés difficiles à franchir dans le passé.**

B) *Certaines relations numériques qui peuvent être trouvées dans la nature ont aussi un impact sur les cours des marchés financiers. La durée d'une tendance est limitée par ces relations numériques spéciales. Le niveau de prix situé sur le dessus de la tendance est appelé « résistance », et le niveau de prix qui se trouve en dessous est le « soutien ».* Ça sonne plutôt bien, n'est-ce pas ? Mais ce sont des foutaises.

C) *Le soutien et la résistance sont deux bandes de Bollinger opposées.* Les bandes de Bollinger opposées sont basées sur l'écart-type des prix actuels. Même si cela n'a rien à avoir avec les notions de soutien et de résistance, il y a, dans une certaine mesure, une corrélation entre les endroits où se forment les niveaux de résistance et de soutien et les bandes de Bollinger supérieures et inférieures.

QUESTION N°25. PLUS LA PÉRIODE REPRÉSENTÉE SUR UN GRAPHIQUE EN CHANDELIERS EST COURTE, PLUS LES NIVEAUX DE SOUTIEN ET DE RÉSISTANCE SONT FORTS.

A) *Vrai*. Non, c'est tout l'inverse. Une résistance qui s'est formée 60 minutes auparavant sur un graphique à bougies de 1 minute est facile à briser, tandis qu'une résistance sur un graphique journalier ou hebdomadaire est bien plus forte. Cette dernière a par ailleurs de l'importance pour un plus grand nombre de traders, puisqu'elle est prise à la fois prise en compte par les day traders et par les traders sur le long terme. Sur un graphique à bougies de 1 minute, en revanche, la résistance est seulement pertinente pour les day traders.

B) *Faux*.

QUESTION N°26. PLUS UN NIVEAU DE SOUTIEN OU DE RÉSISTANCE RÉSISTE À DES ATTAQUES, PLUS IL SE RENFORCE.

A) *Vrai*. **De nombreux traders se souviendront du fait qu'un niveau de résistance ou de soutien a déjà repoussé une attaque la prochaine fois que le prix s'approche de ce niveau. Par conséquent, il est probable qu'ils utilisent ce niveau comme point d'entrée, comme objectif de rentabilité ou comme stop loss, ce qui ne fera qu'augmenter son importance.**

B) *Faux*.

QUESTION N°27. QU'EST-CE QU'UNE MOYENNE MOBILE SIMPLE ?

A) *C'est la somme d'un certain nombre de prix de clôture, divisé par ce nombre*. **C'est juste.**

B) *C'est la somme d'un certain nombre de prix de clôture, divisé par ce nombre, ce qui donne plus de poids aux prix de clôture les plus récents*. Non, cette définition est celle de la moyenne mobile exponentielle, qui, estime-t-on, permet de diminuer le décalage entrainé par les prix des périodes éloignées dans le passé. En donnant plus de poids aux périodes les plus récentes, la moyenne mobile exponentielle permet de se faire une meilleure idée des prix actuels.

C) *La moyenne des prix moyens*. Non, pas du tout.

D) *Un moyen peu fiable de mesurer le prix moyen. C'est parce qu'il est simpliste que ce système est qualifié de « simple »*. Si cette moyenne est qualifiée de « simple », c'est parce qu'elle ne mesure que le prix moyen sur un nombre de périodes donné. Ce n'est pas que ce n'est pas fiable, c'est plutôt que c'est assez approximatif, surtout par comparaison avec la moyenne mobile exponentielle.

QUESTION N°28. QUE CELA SIGNIFIE-T-IL QUAND UN PRIX EST AU DESSUS DE LA MOYENNE MOBILE SIMPLE ?

A) *Qu'il y a une tendance à la baisse.* La moyenne mobile simple, ou SMA en anglais, montre le prix moyen d'un actif sur une période donnée. Ainsi, quand le prix est supérieur à la moyenne mobile simple, cela signifie que le prix actuel est plus élevé que le prix moyen, ou bien, en d'autres termes, que les prix évoluent dans une tendance à la hausse et non dans une tendance à la baisse.

B) *Qu'il y a une tendance à la hausse.* **Bonne réponse.**

C) *Cela ne veut rien dire (c'est pourquoi on considère que la moyenne mobile simple n'est pas un indicateur fiable).* La moyenne mobile simple n'est pas une mauvaise façon de mesurer les mouvements des prix. Il faut juste être prudent et ne pas tirer de conclusions uniquement à partir d'une moyenne mobile, tout particulièrement dans le cas des moyennes mobiles calculées sur des périodes courtes. Celles-ci peuvent être significatives quand le prix actuel est plus élevé que la moyenne mobile (sur plusieurs périodes), mais, pour ouvrir une position, il faut prendre en compte d'autres facteurs.

QUESTION N°29. QUE SONT LES SYSTÈMES DE CROISEMENT DE MOYENNES MOBILES ?

A) *Des set-up basés sur des situations où différentes moyennes mobiles se croisent.* **Correct. Ce genre de systèmes est assez populaire, parce qu'ils peuvent montrer assez clairement si une tendance s'accélère ou si un renversement de tendance va se produire.**

B) *Des moyennes mobiles qui sont créées en combinant plusieurs moyennes mobiles qui se croisent.* Non.

C) *Des systèmes de trading fondés sur des moyennes mobiles qui ressemblent beaucoup aux bandes de Bollinger, un autre indicateur technique, d'où l'appellation de « croisement ».* Cela parait vraisemblable, mais c'est malheureusement n'importe quoi.

QUESTION N°30. QUEL EST LE PRINCIPAL AVANTAGE DU RELATIVE STRENGTH INDEX ?

A) *Il élimine le bruit du marché.* **C'est juste. Le relative strength index permet de comparer le nombre de fois où le prix a été en hausse** au nombre de fois où il a été en baisse. Il donne également plus de poids aux données les plus récentes grâce à l'utilisation de moyennes exponentielles. Il vous fournit donc plus d'informations sur une tendance que vous n'en obtenez lorsque vous vous contentez d'observer la ligne des prix, parce qu'il vous montre si la tendance s'affaiblit ou se renforce.

B) *Il montre la force d'un niveau de soutien ou de résistance donné.* Non, le relative strength index n'a rien à avoir avec cela. Par ailleurs, sachez qu'on peut facilement repérer un niveau de résistance ou de soutien sur un graphique en chandeliers en regardant si ce niveau a déjà repoussé des attaques à plusieurs reprises.

C) *On peut utiliser cet outil pour faire du range trading.* Les bandes de Bollinger sont un indicateur plus utile pour le range trading, parce qu'elles permettent de savoir à quelle fréquence le prix dévie de sa fourchette habituelle et de combien il s'en éloigne. Le relative strength index est mieux adapté au trend trading. Est-ce que la tendance va continuer ? Va-t-il y avoir un renversement de tendance ? Le relative strength index vous permet de répondre à ce genre de questions.

D) *Il montre où il y a une probabilité de retracement.* Le relative strength index peut vous aider sur ce point, mais il vous permet de repérer bien d'autres phénomènes.

QUESTION N°31. SUR QUEL ÉLÉMENT SE FONDE L'UTILITÉ DE LA SUITE DE FIBONACCI SUR LE FOREX ?

A) *Rien du tout.* La suite de Fibonacci est une série de nombres qui obéissent à une règle mathématique. Les nombres composant cette série ont notamment comme caractéristique d'être tous connectés par un ratio de 0,618. Toutefois, ce sont avant tout les comportements des hommes qui influencent les fluctuations du Forex, et les traders basent leurs systèmes sur une multitude de facteurs. La suite de Fibonacci joue malgré tout un rôle important, même si son utilisation sur les marchés financiers n'a aucun fondement mathématique ou statistique. De nombreux traders se servent de ces nombres, ce qui transforme la suite de Fibonacci en prophétie autoréalisatrice. Vous les rencontrerez donc souvent sur le Forex. N'oubliez jamais qu'ils reposent uniquement sur des principes psychologiques, et non sur des critères techniques.

B) *La formule Fn = F(N-1) + F(n-2).* La règle correcte est Fn=F(n+1) + F(n-2). Bien entendu, le fait que la suite de Fibonacci soit basée sur cette règle n'est pas pour autant une preuve de son bien-fondé en matière de trading sur le Forex.

C) *Le nombre d'or*. Cette expression désigne le ratio de 0,68, que l'on trouve entre les nombres qui composent la suite de Fibonacci.

Partie IV Les stratégies de trading sur le Forex

QUESTION N°32. LES PRIX CONNAISSENT PLUS SOUVENT DES PHASES DE RANGE QUE DE VRAIES TENDANCES.

A) *Vrai*. **Les prix connaissent des phases de range de 70 à 80% du temps.**

B) *Faux*.

QUESTION N°33. QU'EST QUE LE RETRACEMENT ?

A) *Une technique qui permet à un trader de savoir comment son système de trading a évolué*. C'est en en évaluant votre système que vous pourrez savoir s'il est efficace. Cela n'a rien à voir avec le retracement.

B) *Le recul partiel d'un prix après une hausse ou une baisse significative*. **C'est juste. La réponse se trouve en quelque sorte dans le sens premier du mot, puisque, littéralement, un « retracement » est le fait de revenir sur ses pas. En trading, c'est la même chose : le prix revient au niveau qu'il avait auparavant.**

C) *Un set-up qui cherche à répéter ou à copier un trade effectué sur une paire de devises sur une autre paire de devises*. Non.

D) *Le breakout d'un prix* (allez savoir pourquoi).

QUESTION N°34. POURQUOI LE TREND TRADING NE CONVIENT-IL PAS À TOUT LE MONDE ?

A) *Parce qu'il faut avoir un capital de trading important pour s'y adonner*. On n'a pas nécessairement besoin d'un gros capital de trading pour faire du trend trading, mais il faut savoir gérer son argent de façon rigoureuse.

B) *Parce que c'est une façon de trader assez complexe, et qui est notamment trop difficile pour les débutants*. Même s'il ne faut pas forcément avoir des compétences techniques très pointues ou beaucoup d'expérience pour être un bon trend trader, certaines compétences et qualités sont essentielles, comme la résilience, la résistance au stress, et le fait de posséder un esprit rationnel et analytique.

C) *Parce qu'identifier une tendance est souvent très difficile.* En trading, reconnaitre une tendance est sans doute une des choses les plus simples. Cependant, savoir profiter d'une tendance aussi longtemps que possible est bien plus difficile qu'il n'y parait.

D) *Parce que tout le monde ne peut pas prendre sur soi et subir un grand nombre de petites pertes afin de faire un seul trade très rentable.* **C'est en effet la caractéristique centrale du trend trading. Bien entendu, en théorie, devoir se retirer d'un trade 9 fois de suite en perdant 30 pips par trade pour ensuite gagner un trade d'une valeur de 600 pips est tout à fait acceptable. En pratique, c'est plus difficile : imaginez essuyer 9 échecs d'affilée... Réussirez-vous à ne pas craquer, ou laisserez-vous la contrariété, l'angoisse, la colère ou la déprime prendre le dessus ? Encore une fois, ce type de trading ne convient pas à tout le monde.**

QUESTION N°35. QUEL EST LE MEILLEUR MOMENT POUR FAIRE DURANGE TRADING ?

A) *Quand vous avez beaucoup d'argent.* Non, on n'a pas besoin d'une bankroll particulièrement importante pour faire du trading range.

B) *Pendant la session européenne.* La session européenne est généralement la plus volatile et la plus imprévisible, parce que la plus majeure partie du Forex est concentrée en Europe. Idéalement, plus les choses sont prévisibles, mieux c'est.

C) *Quand le marché est relativement calme.* **C'est le meilleur moment. Il est préférable d'avoir peu de surprises et le moins de volatilité possible. Plus le marché est instable, plus il y a de risques que des pics se produisent, mettant fin à votre joli trade range.**

D) *Le samedi.* Hum, non, parce que le Forex est fermé le samedi (quoique... après tout, c'est le moment idéal pour faire 0% de pertes).

QUESTION N°36. PLUS DEUX DEVISES SONT INTERDÉPENDANTES, PLUS LA PAIRE DE DEVISES QU'ELLES FORMENT CONNAITRA DES PÉRIODES DE RANGE.

A) *Vrai.* **Effectivement. Quand deux monnaies sont dépendantes l'une de l'autre, la paire qu'elles forment est normalement assez stable et évolue la majeure partie du temps dans une zone assez restreinte. Les prix connaissent de toute façon plus souvent des phases de range que de vraies tendances, mais cette situation est encore plus courante avec des paires de devises comme l'EUR/CHF et l'EUR/GBP.**

B) *Faux.*

Question n°37. Quel indicateur technique est-il le plus efficace pour identifier un trade range potentiel ?

A) *Le relative strength index.* Le relative strength index est un outil plus utile pour le trend trading et le trading de breakout (qui consiste à jouer les cassures), parce qu'il est particulièrement efficace pour montrer la force relative d'une tendance.

B) *Les moyennes mobiles exponentielles.* Cet indicateur est également mieux adapté au trend trading et au trading de breakout.

C) *Les moyennes mobiles simples.* Même chose que pour les réponses A et B.

D) *Les bandes de Bollinger.* **Oui, c'est en effet un excellent indicateur pour identifier un range trade potentiel, parce que les bandes de Bollinger vous montrent rapidement si oui ou non les prix tendent à rester dans une zone donnée.**

Question n°38. Que ne faut-il jamais faire après avoir mis en place un trade range ?

A) *Continuer à courir après le breakout une fois que votre stop loss a été déclenché.* Soyons honnêtes : il peut être très tentant de courir après une cassure juste après avoir dû sortir d'un range trade et quand le cours d'une paire de devises se met à galoper comme un étalon sauvage (ou comme Black Beauty). Mais la plupart des cassures se révèlent être de faux breakouts, et, la plupart du temps, le prix retourne dans la zone où il évoluait. Votre analyse vous a permis de conclure que la paire de devises était potentiellement dans une phase de range. Le fait que vous avez été éjecté de votre trade ne signifie pas forcément qu'un breakout va se produire. En réalité, si vous voulez jouer la cassure, c'est parce que vous n'acceptez pas d'avoir perdu votre range trade et que vous voulez récupérer votre argent immédiatement (exactement comme les joueurs de casino). Ne cédez pas à cette tentation.

B) *Mettre en place des stop loss trop serrés.* Qu'est-ce qu'un stop loss serré, au juste ? De toute évidence, l'excès n'est jamais une bonne chose, mais, selon votre stratégie de trading, il est tout à fait envisageable de mettre en place des stop loss à quelques pips d'écart à peine.

C) *Perdre de vue la façon dont le prix évolue réellement.* **Quand vous préparez votre trade, mettez en place un objectif de rentabilité et un stop loss (avec ou sans trailing stop). Ensuite, vous pouvez aller faire une partie de tennis ou vous installer derrière le volant de votre**

Ferrari et foncer autant que vous le voulez. Vous n'avez pas besoin de surveiller votre trade.

D) *Trader la tendance avec une autre paire de devises.* C'est bien entendu n'importe quoi. Vous pouvez ouvrir des positions sur toutes les paires de devises que vous voulez, indépendamment des ranges trades que vous avez ouvert sur d'autres paires de devises.

QUESTION N°39. QU'EST-CE QUE LE SCALPING ?

A) *Une tradition qui oblige les traders à se raser la tête s'ils ont terminé l'année avec un retour sur investissement négatif.* Si vous avez choisi cette réponse, vous pouvez toujours commencer par vous raser la tête.

B) *Une stratégie qui consiste à miser l'intégralité d'un capital de trading sur un seul trade et à fermer la position une fois que le bénéfice est égal au double du spread.* Egalement connue sous le nom de « veuve noire », c'est la stratégie des champions.

C) *Ouvrir une position peu à peu, afin de limiter les risques.* C'est certes une bonne stratégie, mais elle n'a rien à voir avec le scalping.

D) *Ouvrir des positions sur de très courtes périodes pour faire des petits bénéfices rapidement.* **Correct.**

QUESTION N°40. CONSIDÈRE-T-ON QUE LE SCALPING EST UNE STRATÉGIE ADAPTÉE AUX DÉBUTANTS ?

A) *Non, parce que cela nécessite beaucoup de discipline et de résistance au stress.* **On pourrait dire que tous les débutants sont différents et que certains possèdent une discipline remarquable et supportent le stress comme des chefs. Cependant, de manière générale, le scalping n'est pas une stratégie adaptée aux débutants. Spéculer sur les marchés financiers est, à la base, un véritable défi mental. Choisir une stratégie qui demande d'avoir un haut niveau de tolérance au stress et qui peut détruire votre capital de trading avec quelques trades malheureux ne fait que rendre les choses encore plus difficiles.**

B) *Oui, parce qu'on n'a pas besoin de mettre en place de vraie stratégie : tout est dans le timing.* Même si le timing est essentiel dans le scalping, la chose la plus importante reste la capacité à assumer les pertes. Le scalping est une stratégie facile à comprendre, mais cela ne veut pas dire qu'elle est facile à mettre en œuvre.

C) *Oui, parce qu'on ne mise que des petites sommes.* N'importe quoi.

Avec le scalping, on peut trader un pip pour 10 cents, mais aussi pour 10 $.

D) Non, parce qu'il faut obligatoirement mettre en jeu de grosses sommes. **Ce n'est pas vraiment la question. Un bon scalper n'a pas besoin d'un gros capital de trading, parce que la grande majorité de ses trades sont gagnants, même s'il ne remporte que quelques pips par trade, et qu'en cas d'échec, il ne perd pas grand-chose. Le truc, avec le scalping, c'est de ne pas paniquer quand un trade tourne mal, et savoir quand fermer un trade gagnant.**

QUESTION N°41. EN QUOI CONSISTE LE TRADING DE CASSURE ?

A) *A adopter un nouveau système de trading.* Non.

B) *A ouvrir une position au moment où le prix franchit un niveau de résistance ou de soutien.* **C'est ça. N'oubliez pas que la plupart des cassures se révèlent être des faux breakouts (ou « fakeouts » en anglais), et que les prix retournent à un niveau situé en dessous ou au dessus du niveau de résistance ou de soutien qu'ils ont franchi.**

C) *A ouvrir une position en plein renversement de tendance.* Identifier une tendance dès le départ est très difficile. Avec le recul, cela a l'air évident, mais quand la tendance est en train de se former, il est délicat, sinon impossible, de savoir si on observe le début d'un renversement de tendance ou tout simplement un retracement. Comment repère-t-on un renversement de tendance ? Quand un niveau de soutien important a été brisé ? Ou parce qu'une résistance a lutté avec succès contre une tendance à la hausse ? Et quand est-ce qu'un retracement cesse d'être un retracement ? Miser sur le breakout est bien plus simple : il y a cassure quand le prix franchit un important niveau de soutien ou de résistance. Ouvrir une position à ce moment précis pour profiter de la cassure s'appelle le trading de breakout.

D) *A trader sans avoir mis au point de stratégie.* Ce n'est pas vraiment du trading de cassure, mais plutôt du trading cassé.

QUESTION N°42. QUAND ON MISE CONTRE LE BREAKOUT, QUE FAIT-ON ?

A) *On ouvre une position au moment où la cassure semble vouée à l'échec.* Comme la plupart des breakouts échouent, il parait logique de baser une stratégie de trading sur ces cassures avortées, ce qui est le but quand on mise contre le breakout. Toutefois, il ne faut pas ouvrir de position au premier signe d'échec d'une cassure (à moins que vous n'ayez énormément d'argent à votre disposition). Il pourrait tout simplement s'agir d'un retracement temporaire, une sorte de pause avant que le prix ne s'emballe. Pour minimiser les risques, mieux vaut donc attendre que le prix soit retourné au niveau de résistance ou de soutien qu'il a franchi au début de la cassure.

B) *On ouvre une position quand la cassure donne naissance à une tendance solide.* Cela n'a pas grand-chose à voir avec le fait de miser contre le breakout, parce que vous ne pourrez plus miser sur rien quand la cassure aboutit.

C) *On ouvre une position quand le breakout est terminé et que le prix a retrouvé le niveau qu'il avait au tout début de la cassure.* **C'est juste.**

D) *On ferme une position basée sur un breakout.* Cela n'a aucun rapport avec cette stratégie, parce que vous avez tradé le breakout, et que vous vous contentez de fermer une position basée sur la cassure.

QUESTION N°43. MISER CONTRE LE BREAKOUT EST PRINCIPALEMENT UNE STRATÉGIE DE LONG TERME.

A) *Vrai.*

B) *Faux.* **Les chances qu'un breakout réussisse augmentent quand il se produit sur un graphique qui représente une période assez longue. En d'autres termes, un breakout qui apparait sur un graphique hebdomadaire est plus significatif qu'un breakout qui se dessine sur un graphique « 5 minutes ». Inversement, cela signifie que miser contre le breakout, c'est-à-dire spéculer sur son échec, est plutôt une stratégie de trading sur le court terme.**

QUESTION N°44. COMMENT FONCTIONNENT LES CARRY TRADES ?

A) *On achète une devise à faible taux d'intérêt et on vend une devise à taux d'intérêt élevé.* C'est malheureusement tout l'inverse.

B) *On vend une devise à faible taux d'intérêt et on achète une devise à faible taux d'intérêt.* **Le principe du carry trade, c'est que l'on profite de la différence de taux d'intérêt entre deux produits financiers, ici les devises. Par exemple, si le taux d'intérêt du dollar australien est de 5% et qu'il n'est que de 0,1% pour le yen, on peut gagner 4,9% en ouvrant une position courte sur le yen et une position longue sur le dollar australien.**

QUESTION N°45. VOICI, CI-DESSOUS, UN GRAPHIQUE EN CHANDELIERS REPRÉSENTANT LE COURS DE L'EUR/USD JUSTE APRÈS LA PUBLICATION DES CHIFFRES DES EMPLOIS NON AGRICOLES, QUI RÉVÈLENT QUE LE TAUX DE CHÔMAGE A AUGMENTÉ PLUS QUE PRÉVU. EST-CE UN BON MOMENT POUR OUVRIR UNE POSITION SUR L'EUR/USD ?

A) *Oui, parce qu'il y a une très nette tendance à la baisse.* **Quand on consulte les nouvelles financières du jour, on recherche des signes clairs montrant que l'actualité va influencer les prix d'une façon ou d'une autre. L'impact d'un évènement comme la publication des emplois non agricoles est généralement** à son apogée **pendant les 30 à 60 premières minutes. Il faut donc ouvrir une position rapidement si vous voulez en profiter.**

B) *Non. Même le prix si baisse, la période représentée sur le graphique est trop courte pour que l'on puisse parler de tendance. Il est donc très difficile d'entrer sur le marché.* Si vous préférez trader sur le plus long terme, vous ne devriez sans doute pas trader ce genre de nouvelles économiques. Mais si vous êtes un intra-day trader, un signal clair sur un graphique de 5 minutes est souvent suffisant pour ouvrir une position.

C) *Il n'est jamais raisonnable d'ouvrir de position dans ce genre de situation.* Si c'est la réponse que vous avez choisi, bien sûr, vous avez le droit de penser ce que vous voulez...

D) *Mieux vaut attendre. Si la tendance est toujours présente au bout d'une heure, cela peut se révéler judicieux d'entrer sur le marché.* Comme nous l'avons dit, c'est bien trop long : ce genre d'évènement économique a un impact limité dans le temps, qui ne dure généralement pas plus d'une heure.

Partie V Comment devenir un bon trader

QUESTION N°46. POURQUOI LA PLUPART DES TRADERS PERDENT-ILS DE L'ARGENT SUR LE FOREX ?

A) *Parce qu'ils n'ont pas de système de trading.*

B) *Parce qu'ils ont des attentes irréalistes.*

C) *Parce qu'ils ne veulent pas investir le temps et l'argent nécessaires.*

D) A), B), et C) **C'était une question très facile, bien entendu. Trader sans avoir de plan, sans avoir d'objectifs réalistes, sans investir de temps ni d'argent est une recette parfaite pour cuire un joli soufflé qui se dégonfle lorsque vous le touchez du bout du doigt.**

Question n°47. Est-il important de s'auto-évaluer quand on veut apprendre le trading ?

A) *Non, cela ne sert à rien quand on a une stratégie de trading solide.* Evidemment, la question reste de savoir comment vous avez mis au point cette stratégie de trading solide.

B) *Oui, pour savoir quel type de système vous convient le mieux.* **Il existe une multitude de systèmes et de méthodes de trading différents, et pour savoir celui qui vous convient le mieux, il faut prendre en compte le temps dont vous disposez pour trader, le montant de votre capital et votre personnalité. Il est donc essentiel de commencer par examiner ce qui vous définit en tant que trader au lieu de vous jeter à l'eau sans réfléchir.**

C) *Non, ce n'est pas utile quand on compte utiliser des systèmes de trading automatique.* On croit souvent cela à tort. Même si votre système est complètement automatisé, au bout du compte, c'est vous qui le contrôlez. C'est vous qui déterminez les paramètres auxquels il obéit, les sommes que vous allez investir, vos objectifs de rentabilité et la somme que vous êtes prêt à perdre. C'est également vous qui êtes chargé de prendre des mesures pour améliorer votre système.

Question n°48. Qu'est-ce qu'un set-up ?

A) *Un certain nombre de critères qui doivent être remplis pour qu'une position puisse être ouverte.* **C'est correct. Vous mettez au point votre set-up à l'avance, et quand tous les critères sont remplis, le set-up se déclenche et vous ouvrez la position.**

B) *Toute stratégie de trading qui utilise les bandes de Bollinger.* Même s'il est tout à fait possible d'utiliser les bandes de Bollinger pour mettre au point une stratégie, cet indicateur n'est pas suffisant pour définir un set-up.

C) *Un trade qui se retourne contre vous juste avant que votre objectif de rentabilité ne soit atteint.* En anglais, le terme « set-up » désigne également ce genre d'incident : recevoir un coup de couteau dans le dos juste avant la ligne d'arrivée, ça, c'est un vrai « set-up » ! Mais dans le domaine du Forex, un set-up est bien moins romanesque : c'est tout simplement un ensemble de critères qui doivent être remplis avant qu'un trade ne soit déclenché.

D) *Un trade qui n'est pas accompagné par un objectif de rentabilité.* Non, rien à voir avec ça.

QUESTION N°49. QU'EST-CE QUI EST LE PLUS IMPORTANT : UNE BONNE STRATÉGIE DE SORTIE OU UNE BONNE STRATÉGIE D'ENTRÉE ?

A) *Elles sont aussi importantes l'une que l'autre.* Les deux sont en effet essentielles, mais une bonne stratégie de sortie est malgré tout plus importante qu'une stratégie d'entrée. En effet, c'est généralement parce que vous avez une mauvaise stratégie de sortie, ou que vous n'en avez pas du tout, que vous vous mettez dans le pétrin : cela peut engendrer de grosses pertes et des gains inutilement modestes. Une stratégie de sortie bien pensée vous force à mettre en place un stop loss et à déterminer un objectif de rentabilité clair. Vous entrez et sortez d'une trade en vous basant non pas sur vos émotions, mais sur une analyse rationnelle.

B) *Une bonne stratégie de sortie.* **Bonne réponse.**

C) *Une bonne stratégie d'entrée.* Encore une fois, avoir une bonne stratégie d'entrée est important, mais une stratégie de sortie efficace protège votre capital de trading et augmente votre rentabilité.

QUESTION N°50. LA TAILLE D'UNE POSITION N'A RIEN À VOIR AVEC LE RATIO RISQUE/RENDEMENT.

A) *Vrai.*

B) Faux. **La taille de vos positions, c'est-à-dire le pourcentage de votre capital de trading que vous mettez en jeu à chaque trade, devrait être en partie basé sur le ratio entre les gains et les pertes. L'idée, c'est que vous pouvez augmenter la taille de vos positions quand un pourcentage plus élevé de vos trades s'avère rentable. Il faut aussi obligatoirement avoir une espérance de gain positive à chaque trade. Par exemple, si vous risquez 100 $ pour en gagner 1, vous ne gagnerez jamais d'argent, même si vous avez un système qui génère des trades gagnants 99% du temps. Sur 100 trades, vous gagneriez en moyenne 99x1 $ and perdriez 1x100 $, soit une perte totale de 1 $, sans même compter le spread. Votre profit attendu est calculé à partir de la chance de faire des trades gagnants et de votre ratio risque/rendement. A partir d'une espérance de gain positive et de votre pourcentage de trades gagnants, vous pouvez déterminer la taille maximale de vos positions.**

QUESTION N°51. L'OBJECTIF PRINCIPAL, QUAND ON DÉTERMINE LA TAILLE D'UNE POSITION, EST DE :

A) *Maximiser les profits.* Ce sont des mots dangereux dans l'univers du trading. La cupidité est une bonne chose, c'est vrai, mais il ne faut pas que cela ne vous empêche de bien gérer les risques. Si maximiser les profits signifie ouvrir des positions faisant passer le risque de ruine de 5 à 25%, le feriez-vous ?

B) *Minimiser les risques.* **C'est en effet un des objectifs les plus importants. Ouvrir des positions d'une taille adéquate vous protège contre les inévitables coups durs que vous rencontrerez, parce que le marché ne fonctionne pas toujours comme vous le souhaitez. N'oubliez pas que même avec un système qui génère des gains 75% du temps, il est tout à fait possible d'ouvrir 100 positions et de ne gagner que 30 trades. C'est en déterminant avec soin la taille de vos positions que vous pourrez vous protéger contre ces revers et rester dans la partie.**

C) *Ouvrir autant de trades que possible en même temps.* Non, le but n'est pas d'ouvrir autant de trades que possible. On pourrait se demander en quoi cela serait utile, comme la plupart des traders ne disposent pas d'une stratégie de trading qui génère un déluge de set-ups tout au long de la journée.

D) *Utiliser au mieux votre capital de trading.* C'est un peu vague. S'agit-il d'augmenter la rentabilité, de faire le moins de pertes possibles ou de minimiser le risque de ruine ? La réponse B est une meilleure alternative.

QUESTION N°52. LE TRADER X A UN CAPITAL DE TRADING DE 500 $ ET IL MET EN JEU 75 $ PAR TRADE. IL VIENT TOUT JUSTE DE COMMENCER À TRADER SUR LE FOREX ET IL ESTIME QUE SA STRATÉGIE DE TRADING PRODUIT DES TRADES GAGNANTS 60% DU TEMPS. CALCULEZ LA TAILLE DE SES POSITIONS ET DÉTERMINEZ SI ELLE EST ACCEPTABLE OU SI ELLE EST TROP RISQUÉE.

A) *La taille de ses positions est de 15%, ce qui est trop risqué. Elle devrait être de 6%.* **C'est juste. La taille de ses positions est de 75 $ et son capital de trading contient 500 $. Le trader X risque ainsi 15% de son capital à chaque trade. C'est trop, parce que sa stratégie ne lui garantit des gains que 60% du temps (en partant du principe que son espérance de gain est positive). Avoir des positions n'excédant pas 10% de votre pourcentage total de trades gagnants est une bonne règle de base ; ici, la taille idéale des positions serait donc de 6%.**

B) *La taille de ses positions est de 15%, ce qui est convenable.* La taille de ses positions est bien de 15%, mais le risque de ruine est bien trop élevé parce qu'il ne gagne que 60% de ses trades. Autrement dit, s'il perd 6 trades d'affilée, ce qui est tout à fait possible, il n'aura plus assez d'argent pour ouvrir une nouvelle position. Une position représentant 15% de son capital est toujours trop importante, car le risque de 6 pertes successives est tout simplement trop élevé.

C) *La taille de ses positions est de 6%, ce qui est convenable.* La taille de ses positions n'est pas de 6% dans ce cas.

D) *Ces données ne sont pas suffisantes pour calculer la taille de ses positions.* Il est seulement nécessaire de connaitre la taille totale du capital de trading et le risque encouru avec chaque position pour calculer la taille des positions. Ici, on dispose de ces deux informations.

QUESTION N°53. QUAND UN TRADER A UNE ESPÉRANCE DE GAIN DE 5,6% PAR POSITION ET RISQUE 24 $ PAR POSITION, QUELLE EST SON ESPÉRANCE DE GAIN EXPRIMÉE EN TERMES DE TAILLE DE POSITION ?

A) *5,6 $.*

B) *23 cents.* **L'espérance de gain exprimée en termes de taille de position montre quelle est l'espérance de gain de chaque dollar mis en jeu. Si vous risquez 24 $ avec une espérance de gain de 5,6 $, cela signifie que chacun de vos dollars a une espérance de gain de 23 cents.**

C) *46 cents.*

D) *Ces données ne sont pas suffisantes pour calculer la taille de ses positions.* Si, vous connaissez la taille des positions: elle est de 24 $.

QUESTION N°54. QUELLE EST UNE BONNE RÈGLE DE BASE POUR DÉTERMINER LA TAILLE MAXIMALE D'UNE POSITION ?

A) *Elle doit représenter 1/5 du capital de trading.* Egalement connu sous le nom de position « Al-Qaïda », parce que sa taille est tout simplement suicidaire.

B) *Elle doit représenter 1/10 du capital de trading.* Une taille de position équivalente à 10% d'un capital de trading représente un investissement considérable à chaque trade. Que se passe-t-il si votre système génère des trades gagnants 50% du temps ? (Ce genre de système peut être très rentable, si vous risquez 1$ pour en gagner 2.) Imaginez tirer à pile ou face, choisir face trois fois de suite et obtenir pile à chaque tentative : vous venez de perdre 30% de votre capital.

C) *Elle doit représenter 1/10 du pourcentage de trades gagnants.* **Un des objectifs principaux, quand on détermine la taille de ses positions, est d'éviter de se retrouver sur la paille. La taille de vos positions doit pouvoir vous protéger quand vous êtes coincé dans une ornière. Si votre système ne produit des trades gagnants que 15% du temps, vous ne devriez pas ouvrir des positions équivalents à 5% de votre capital. En effet, statistiquement, il est tout à fait possible d'avoir un rendement faible pendant une période assez longue. (N'oubliez pas que le pourcentage total de trades gagnants n'est pas le seul élément à prendre en compte pour déterminer la taille de vos positions : l'espérance de gain est également importante).**

D) *Elle doit représenter 1/100 de votre capital de trading.* Cela dépend de votre pourcentage de trades gagnants. Des positions de cette taille peuvent être adaptées à une stratégie de trend trading qui ne génère des gains que 10% du temps.

QUESTION N°55. Y-A-T-IL DES SITUATIONS DANS LESQUELLES ON NE DEVRAIT PAS TRADER ?

A) *Il y a plusieurs situations dans lesquelles il est préférable de ne pas trader.* **Aucun trader ne sent bien 100% du temps, et, dans la vaste majorité des cas, mieux vaut ne pas trader quand on a l'esprit ailleurs.**

B) *Oui, si on est débutant, mais les traders expérimentés doivent être capables de trader dans n'importe quelles conditions.* Si vous vous imposez ce rythme de trading, vous vous faites du mal sans raison. Les traders chevronnés sont les premiers à reconnaitre qu'ils ne tradent pas quand ils ne sont pas en forme.

C) *Tout dépend de votre système de trading.* C'est vous qui êtes, ou qui devriez être, au centre de votre système de trading. C'est aussi vous qui avez le pouvoir de modifier, d'adapter ou de contourner votre système. Les émotions négatives auront forcément un impact sur votre façon de trader si vous ouvrez des positions alors que vous traversez une mauvaise passe.

QUESTION N°56. LIRE DES LIVRES ET DES ARTICLES SUR LE FOREX ET BEAUCOUP S'ENTRAINER N'EST PAS SI IMPORTANT QUE CELA. LES MEILLEURS TRADERS (CEUX QUI N'ONT PAS ENCORE TRENTE ANS ET ONT DÉJÀ GAGNÉ DES MILLIONS EN TRADANT SUR LE FOREX EN LIGNE) UTILISENT AVANT TOUT LEUR INSTINCT.

A) **Faux.**

B) *Vrai*. Sérieusement ? Si c'est ce que vous avez répondu, vous deviez encore croire au Père Noël alors que vos camarades de classe s'embrassaient avec la langue derrière les rosiers du principal.

C) *Peut*-être. Et... pouf ! Cette réponse a disparu !

QUESTION N°57. UN BON TRADER PEUT GAGNER DE L'ARGENT AVEC CHAQUE TRADE.

A) *Vrai*. Personne ne gagne à 100% du temps, et ce n'est pas ça qui est de toute façon le plus important. Il n'est pas nécessaire de gagner de l'argent sur chaque position pour faire des bénéfices. Si vos trades ne réussissent que 25% du temps mais que vous risquez que 30 $ pour en gagner 150, vous perdez 3 x 30 = 90 $ et vous gagnez 1 x 150 $, réalisant ainsi un bénéfice de 60 $ sur 4 trades. Votre espérance de gain est donc de 15 $ par trade, même si vous ne gagnez qu'une fois sur quatre.

B) **Faux.**

Questions bonus.

QUESTION N°58. VOUS DÉBUTEZ DANS LE TRADING ET VOUS AVEZ OUVERT UNE POSITION POUR SPÉCULER SUR LA HAUSSE DE L'EURO. VOUS AVEZ MIS EN PLACE UN STOP LOSS À 30 PIPS. AU BOUT D'UNE DEMI-HEURE, LE TRADE EST TRÈS PROCHE DE VOTRE STOP LOSS, MAIS VOUS AVEZ LE PRESSENTIMENT QUE LES CHOSES VONT ÉVOLUER EN VOTRE FAVEUR. QUE FAITES-VOUS ?

A) *Un bon trader se fie à son instinct. Vous écoutez votre intuition et vous déplacez votre stop loss pour donner plus de marge à votre trade.* Cela pourrait peut-être fonctionner pour les traders qui ont beaucoup d'expérience, mais pas pour les débutants qui découvrent seulement le Forex. Ne touchez pas à votre stop loss et acceptez de perdre.

B) *Vous consultez les informations économiques pour savoir si des évènements vont dans le même sens que votre intuition. Si oui, vous déplacez le stop loss. Sinon, vous ne déplacez le stop loss que si votre pressentiment ne change pas.* Cela revient à trouver n'importe quelle raison de ne pas sortir du trade. On peut toujours justifier de rester dans un trade, parce que les prix du Forex sont influencés par une multitude de facteurs et d'opinions contradictoires.

C) Rien du tout. **Vous êtes un débutant et non un vétéran à l'instinct aiguisé, qui a commencé à trader alors que l'iPhone n'était rien de plus qu'un mot improbable, tout droit sorti de la bouche d'un enfant de trois ans. Vous ne vous connaissez pas assez bien pour pouvoir analy-**

ser vos motivations de façon rationnelle. Dans votre cas, les stop loss devraient être sacrés : vous devriez les vénérer comme s'ils étaient le plus précieux cadeau de Dieu au trading (ou un de ses nombreux cadeaux, en tout cas).

D) *Vous ouvrez un deuxième trade, avec le même objectif que le premier. Vous laissez le stop loss du premier trade en place.* Cela revient à tricher avec vous-même. Vous ne touchez pas au premier stop loss, et ce afin de ne pas briser la règle selon laquelle il ne faut pas déplacer un stop loss quand un trade se retourne contre vous. Cependant, ouvrir une nouvelle position reviendrait à déplacer votre stop loss.

QUESTION N°59. VOUS ÊTES UN DAY TRADER ET VOUS AVEZ UNE JOURNÉE DIFFICILE. VOUS AVEZ OUVERT SIX TRADES, QUI ONT TOUS ÉTÉ CLÔTURÉS AUTOMATIQUEMENT. VOUS ÊTES CONTRARIÉ. QUE FAITES-VOUS ?

A) *Vous reprenez courage et vous ouvrez six nouveaux trades.* Vous êtes contrarié et ouvrir six trades qui doivent absolument gagner ne vous fera pas vous sentir mieux. Ce n'est pas tout simplement pas le meilleur moment pour trader. Arrêtez pour aujourd'hui et faites quelque chose d'autre.

B) *Vous reprenez courage, vous ouvrez six nouveaux trades et vous leur laissez davantage de marge qu'aux trades précédents (en plaçant des stop loss moins serrés).* Si la réponse A était stupide, la réponse B est carrément absurde. Vous venez de subir six échecs d'affilée et votre solution est d'ouvrir six nouvelles positions sur le champ en plaçant votre stop loss encore plus loin ? C'est l'exemple parfait d'un trader qui n'accepte pas de perdre. Fermez votre plateforme de trading et allez faire autre chose.

C) *Vous décidez que vous avez assez tradé pour aujourd'hui.* **C'est ça, exactement.**

QUESTION N°60. VOUS ÊTES UN DAY TRADER. IL Y A UNE HEURE, VOUS AVEZ OUVERT UNE POSITION EN VOUS BASANT SUR UNE ANALYSE SOLIDE, MAIS, POUR L'INSTANT, IL NE S'EST ENCORE RIEN PASSÉ. LE PRIX A UN PEU AUGMENTÉ, IL A UN PEU BAISSÉ, A À NOUVEAU AUGMENTÉ UN PEU, MAIS IL NE S'EST JAMAIS APPROCHÉ DE VOTRE STOP LOSS OU DE VOTRE OBJECTIF DE RENTABILITÉ. QUE FAITES-VOUS ?

A) *Vous fermez la position et vous ne tradez plus de la journée.* Pourquoi feriez-vous cela ? Il ne s'est rien passé, ni de bon ni de mauvais. Votre set-up n'a pas fait ses preuves, mais il ne s'est pas révélé inefficace non plus. Pourquoi au juste fermez-vous votre position ? Parce que vous êtes trop impatient ? Ce n'est pas une bonne raison.

B) *Rien du tout*. **Un trader a dit un jour qu'observer les mouvements des prix revenait à regarder la peinture sécher. C'est un processus extrêmement lent. Certains trouveront cela ennuyeux, mais c'est comme ça. Ce n'est pas parce qu'un prix a peu bougé qu'il faut fermer le trade**.

C) *Vous fermez la position et vous cherchez des situations plus avantageuses*. Il n'y a aucune raison de faire cela. Il ne s'agit pas de gagner le plus vite possible, il s'agit tout simplement de gagner.

Explications des scores au quiz

60 BONNES REPONSES

Vous êtes un dieu du Forex et vous régnez sur nous, simples mortels ! Nous avons beaucoup à apprendre de vous. Tester, étudier et évaluer votre système de trading sont des choses que vous faites probablement déjà. Il est donc sans doute inutile, voire même insultant, de les mentionner ! Vous avez un talent inné pour le Forex et vous irez sans doute très loin.

52-59 BONNES REPONSES

Bon, vous n'êtes pas encore un dieu, mais vous êtes au moins un prince du Forex : vous avez du talent et un sens inné de ce qu'il faut faire pour réussir sur le Forex. Vous pourriez probablement démissionner sur le champ, prendre rendez-vous avec votre banquier et demander un prêt pour vous acheter la maison de vos rêves (n'oubliez pas d'amener les résultats de ce quiz pour prouver que vous vraiment êtes un trader d'exception).

45-51 BONNES REPONSES

Pas mal du tout. Comme vous connaissez déjà les bases, il est temps d'aller plus loin et de tirer profit de vos connaissances. Lisez davantage de livres et participez à un ou plusieurs forums de Forex pour apprendre plus vite.

35-44 BONNES REPONSES

Vous avez certainement quelques connaissances sur le Forex mais vous avez encore du travail devant vous. Vous devriez peut-être lire ce livre une nouvelle fois et poser des questions sur ce que vous ne comprenez pas sur le forum du site www.forexforambitiousbeginners.com. Identifier vos points faibles et essayer de vous améliorer vous aidera énormément !

20-24 BONNES REPONSES

Allez, on retourne sur les bancs de l'école ! Malheureusement, tout le monde ne peut pas réussir sur le Forex. Relisez ce livre, mais, cette fois-ci, mettez bien vos lunettes (ou vos lentilles de contact).

Ne tradez pas dès maintenant « pour de vrai » (c'est-à-dire en argent réel). Contentez-vous d'ouvrir un compte démo sur une plateforme de trading et entrainez-vous sans risques.

0-19 BONNES REPONSES

Désolé, mais vous ne connaissez rien au Forex. Je dois admettre que c'est un exploit d'avoir obtenu si peu de bonnes réponses, mais, malheureusement, il n'y a pas de prix de consolation. Vous étiez sans doute un peu (voire très) saoul quand vous avez répondu aux questions, ou alors peut-être avez vous cru qu'il s'agissait d'un questionnaire sur votre vie amoureuse. Dans tous les cas, votre score est minable.

Comme nous sommes dans un pays libre (j'espère que c'est également votre cas), personne ne peut vous empêcher de trader. Enfin, dans votre cas, il faudrait peut-être faire une exception, juste pour votre bien. Je ne peux même pas vous conseiller de trader sur un compte démo, parce que vous trouveriez bien un moyen de perdre de l'argent réel en tradant en argent fictif.

Bref lexique du Forex

Ouvrir une position

Cela signifie acheter ou vendre un ou plusieurs lots. Vous pouvez par exemple ouvrir une position sur le Forex en achetant un lot mini d'EUR/USD.

Positions longues ou courtes

Quand on spécule sur la hausse d'une devise, on ouvre une position longue sur cette devise. A l'inverse, quand on spécule sur sa baisse, on dit qu'on ouvre une position courte sur cette devise.

Stop loss

C'est un prix déterminé à l'avance, qui se situe quelque part en dessous du seuil de rentabilité, qui, lorsqu'il est atteint, entraine automatiquement la clôture d'une position afin d'éviter des pertes. Par exemple, si vous avez acheté un lot de GBP/USD à 1,6250 $ et que vous placez un stop loss à 1,6180 $, votre perte maximale sera de 70 pips. En d'autres termes, un stop loss vous permet de déterminer à l'avance combien d'argent vous acceptez de perdre sur une position donnée. Les débutants doivent toujours utiliser un stop loss.

Take profit / Prise de bénéfices

Un prix déterminé à l'avance, situé quelque part au dessus du seuil de rentabilité, qui déclenche la fermeture d'une position afin de « take profit », c'est-à-dire de faire un bénéfice. Un take profit fonctionne de la même manière qu'un stop loss, sauf que, dans ce cas, la situation évolue en votre faveur. De nombreux traders placent un take profit (ou un objectif de rentabilité) pour éviter de sortir trop tôt d'un trade par peur, ou trop tard, par appât du gain. Fixer un take profit n'est pas aussi essentiel que de mettre en place un stop loss, mais mieux vaut le faire quand on débute : cela vous entraine à trader en suivant un plan déterminé à l'avance, ce qui est essentiel pour réussir en trading.

Les bulls et les bears

Traditionnellement, on donne aux traders qui pensent que le marché va connaitre une hausse le surnom de « bulls » (les taureaux), tandis que ceux qui estiment qu'il va baisser sont appelés « bears » (les ours). Ce n'est pas donc pas un hasard s'il y a une statue d'un grand taureau en bronze à deux pas de Wall Street, à New York : elle symbolise le potentiel haussier du capitalisme.

Bid et ask (prix de vente/d'achat)

Un courtier propose toujours deux prix différents pour une même paire de devise : le bid et l'ask. Le bid, qui est toujours le plus bas des deux, est le prix auquel vous pouvez vendre une paire de devises. L'ask vous indique quant à lui à quel prix vous pouvez acheter la paire de devises. Le spread est la différence entre les deux prix.

LE SPREAD

C'est la différence entre le prix de vente et le prix d'achat, qui est empochée par le courtier en compensation des services qu'il fournit (en ouvrant la position pour vous). Ainsi, quand le bid de l'EUR/USD est de 1,4000 et que l'ask est de 1,4003, le spread est de 3 pips.

DEVISE DE BASE/DEVISE DE CONTREPARTIE

Les devises se tradent toujours par paires. On peut trader l'euro contre le dollar, la livre sterling, le yen, etc. La première monnaie d'une paire de devises est la devise de base. C'est la devise que vous achetez quand vous achetez un lot. Par exemple, si vous achetez un lot d'EUR/USD, cela signifie que vous ouvrez une position longue sur l'euro. La deuxième monnaie, qui sert de référence pour exprimer le prix de la devise de base, s'appelle la devise de contrepartie. Dans le cas de la paire EUR/USD, le dollar est la devise de contrepartie et la valeur de l'euro est exprimée en dollars.

LES CROSS

Ce sont les paires de devises dans lesquelles le dollar n'est ni la devise de base, ni la devise de contrepartie, comme par exemple l'EUR/GBP, l'EUR/JPY ou le GBP/JPY. Comme ces paires de devises sont moins liquides (c'est-à-dire qu'elles sont moins souvent tradées), leur spread est plus élevé.

LES GRAPHIQUES EN CHANDELIERS

Le graphique en chandeliers est le moyen le plus populaire de représenter les mouvements du prix d'une paire de devises. Il est composé de « bougies » de deux couleurs différentes (généralement rouges et vertes) : une couleur est utilisée pour les périodes de hausse, l'autre pour les périodes de baisse. Le point le plus bas d'une bougie montre le prix le plus bas atteint pendant une période donnée, et le prix le plus élevé correspond au prix le haut. Une bougie verte signifie que le prix a clôturé au point le plus élevé du corps de la bougie (la partie épaisse), tandis qu'une bougie rouge signifie que le prix a clôturé au point le plus bas.

La légende raconte que le graphique en chandeliers a été inventé au XVIIème siècle par un vendeur de riz japonais qui cherchait un meilleur moyen de connaitre rapidement les fluctuations du prix du riz.

On a énormément écrit sur les différents motifs qui se dessinent sur les graphiques en chandeliers. Vous pourrez donc facilement trouver votre bonheur si vous voulez en savoir plus sur les trois soldats blancs, le nuage d'Ichimoku et les autres formidables figures aux noms tout droit sortis d'une version pour adultes de Pokémon.

L'EFFET DE LEVIER

L'effet de levier est la relation entre la valeur sous-jacente d'une transaction et la somme d'argent mise en jeu pour couvrir les pertes. Cela permet aux traders qui ont un capital modeste de spéculer plus facilement sur les instruments financiers, parce qu'ils n'ont besoin que d'une petite partie de la somme d'argent qu'ils contrôlent.

Exemple : avec un effet de levier de 400/1, ce qui est le maximum proposé par la plupart des courtiers Forex, vous avez seulement besoin de 2,50 $ pour ouvrir une position sur lot micro d'EUR/USD.

1 lot micro = 1000 unités.

Effet de levier 400/1

Fonds nécessaires : 1000÷400 = 2,50 $

Comme, dans les lots micro, 1 pip équivaut à 10 cents, avec 2,50 $, le prix peut évoluer en votre défaveur pendant 25 pips avant que votre position ne soit automatiquement fermée. En d'autres termes, avec un effet de levier de 400/1, vous pouvez contrôler 1000 $ en investissant seulement 2,50 $.

L'effet de levier est bien entendu une arme à double tranchant, parce qu'il multiplie les bénéfices mais aussi les pertes. C'est aussi ce qui a ouvert les portes du Forex aux petits traders qui souhaitent trader sur les marchés financiers de manière agressive et faire de gros bénéfices.

LOT STANDARD

Une unité de mesure qui représente 100 000 unités d'une devise donnée. Il existe également les lots mini (10 000 unités) et les lots micro (1000 unités).

PIP

La plus petite variation de prix que peut connaitre une paire de devises. Elle correspond au quatrième chiffre après la virgule pour la plupart des paires de devises (par exemple, dans le cas de l'EUR/USD : 1,4522 $).

RÉSISTANCE/SOUTIEN

Les niveaux de prix qu'une paire de devises a eu du mal à franchir dans le passé, ou qui forment une sorte de barrière naturelle, comme le niveau psychologique de 1,5000 pour l'EUR/USD.

Les points de résistance sont les niveaux de prix qu'une paire de devises en hausse a du mal à dépasser. Plus une hausse a été stoppée par un niveau de résistance, plus cette résistance est forte. Il en va de même pour le soutien, mais, dans ce cas, avec des prix en baisse.

Annexe V

Bibliographie

LIVRES EN FRANÇAIS

Traders : entrez dans la zone
Mark Douglas – Valor – 2004

Réussir en trading
Van K .Tharp – Valor – 2003

Les écrits de Warren Buffet : les seuls conseils donnés par Warren Buffet aux investisseurs et aux managers
Warren Buffet et Lawrence Cunningham – Valor – 2010

Chandeliers et autres techniques d'Extrême-Orient
Steve Nilson –Valor – 2001

Les Magiciens des marchés : Entretiens avec les meilleurs traders
Jack D. Schwager – Valor – 2011

Les Bandes de Bollinger
John Bollinger – Valor – 2003

LIVRES EN ANGLAIS

Day trading the currency market: technical and fundamental strategies to profit from market swings
Kathy Lien – John Wiley & Sons – 2006

Technical analysis of the currency market: classis techniques for profiting from market swings and trader sentiment
Boris Schlossberg – John Wiley & Sons – 2006

Forex Conquered: High probability systems and strategies for active traders
John L. Person – John Wiley & Sons – 2007

The logical trader: apply a method to the madness
Mark B. Fisher – John Wiley & Sons - 2002

Candlestick Charting Explained: Timeless techniques for trading stocks and futures
Gregory Morris – McGraw-Hill – 3ème edition – 2006

New Concepts in Technical Trading Systems
J. Welles Wilder Jr – Trend Research – 1ère édition – 1978

The Complete Turtle Trader: The Legends, the Lessons, the Results
Michael W. Covel – HarperBusiness – 1ère edition -2007